朝礼・会議で使える
田中真澄の61話

はじめに

時代は大きく変わりつつあります。目下、日本は世界一の高齢社会へ向かって進行中です。２０４０年には75歳以上の世帯が全体の４分の１になるという政府の推計が２０１９（平成31）年４月19日に発表されました。

社会教育家の私は83歳で未だに講演・執筆の仕事に従事していますが、こうしたことは今では珍しくなく、80代の高齢者が現役で頑張っている事例が私たちの周りにも数多くみられるようになりました。テレビでお目にかかる人の中にも、80代で活躍している方がおられます（例えばジャーナリストの田原総一朗氏は85歳ですし、女優の草笛光子氏は86歳です）。こうしたケースを数え上げればきりがありません。

40年前、私は43歳の時に日経を辞め、独立事業主として第二の人生をスタートしましたが、当時、80代で現役として活躍している人はごく稀な存在でした。ですから独立当初の私は70代まで現役で頑張れば十分であろうと考えていました。

そう考えたのは私のサラリーマン時代によくテレビに出ていた政治評論家の藤原弘達氏

は77歳で、ビジネス書の大家であった桑名一央氏は70歳で亡くなるなど、当時は70代で人生を終わる人が多かったからです。

ですから83歳になった私が今も現役で仕事をしていることが、不思議に思えるほどに、今、時代は大きく変わってきているのです。

ところで、私は独立するに際し、どの組織にも所属しない独立独歩の人生を歩もうと決意し、その通りにやってきました。

独立後、私の日経時代のキャリアを知って、外資系の会社や雑誌発行の出版社などから高額の年収を条件に経営陣への誘いが幾つかあったものの、それらを全て断ってきました。独立時の決意を守るためでした。

ではなぜ独立独歩の人生にこだわったかといえば、私は日経時代から「これからのサラリーマンは組織に依存する生き方だけではなく、少なくとも定年後は生活保障のない個人事業主として人生を歩むべきだ」と考え、そのためには自らがどこにも所属せず、己の存在価値に賭けて生きていかねばならないと決意したからです。さらに事業主には定年がないことから、死ぬまで働く覚悟が必要であるとも考えてきました。

また日経マグロウヒル社（現日経BP社）に出向していた時に、アメリカで「ジェロントロジー」（老年学・加齢学）が大学で講じられていることを知って、いち早くその関係図書を入手し、これからは「センテナリアン」（百歳人）を目指して、人生100年の設定の下にロングランの生き方をベースにした人生設計が必要であることを人よりも早く知りました。ですから独立当初も今も、講演の中で「人生100年」「終身現役」を説いてきています。

このことを唱え始めた頃は、私は変人扱いされることもありましたが、今では日本人誰もが「人生100年」を当たり前と受け止めるまでになり、時代が大きく変わったことを日々、実感しています。

サラリーマンを辞めて独立する際、まだ家内に独立したいと打ち明けられないでいた時、私は一人で悶々と悩み続けていました。43歳で家内と2人の子どもと家内の母（義母）を抱えていながら、何も恵まれているサラリーマンの生活を捨てて、生活の保障のない人生に踏み切ることはないだろう、なぜこの時期に独立してやっていかねばならないのか、と自分に問いかけ続け、なかなかその悩みに結着をつけることができずにいたのです。

そのことはサラリーマンがもし独立をするとなれば、誰もが経験する当然の姿であろうかと思います。

一方、日頃の言動から家内は私が秘かに独立することで悩んでいるのではないかと察していたようです。

今でも忘れませんが、1978（昭和53）年の12月末、年末年始の休暇に入った初日、私は「日経を辞めて独立したい」と初めて家内に打ち明けた時のことです。

その時の様子を、独立後の最初の拙著『乞食哲学』（産能大学出版部）の冒頭でこう書いています。

「『あなた、乞食になる覚悟があれば何でもできるわよね』と、妻は決心したようにつぶやきました。

私には、この言葉がずしりと胸にひびきました。〝乞食〟という言葉が、とくに強烈に聞こえました。いまでこそ、私たちの周辺に乞食を見かけることはできなくなりましたが、終戦直後、乞食の姿をよく見ていた私には、どん底の生活を連想せざるを得なかったのです。それ相応の気持ちは持っていたつもりですが、まさか乞食までという覚悟は、そのときまでは考えていませんでした。それだけにこの妻の言葉は、その後の私にとって大きな支えになりました。

「もったいない」「考え直せ」「危険だ」といって引き止めてくれた会社の先輩・同僚・部下の人たちの声を振り切れたのも、妻のこの言葉があったからです。

あれから、もう2年経ちました。妻と手をとりあって必死に生きてきました。会社に依存できない生活、だから一日もおろそかにできない厳しい毎日を、なんとか切り抜けてきました。

そして得た結論は、世間とは何と温かいところだろうということです。裸一貫で飛び出した男に、手を差しのべてくれる善意の人々に満ちているのがこの世の中だと思います。乞食がなんとか食えるというのも、根本は同じではないでしょうか。

さらにうれしいことには、積極的な思考や意欲ある行動が、自分を変えていくことを、私自身が日々の生活の中で実体験できたことです」

この38年前に書いた私の思いは、その後の人生でも変わることはありませんでした。独立独歩の人生をずっと貫けたのは、世間の温かいご支持があったからです。私が事業を持続していくには「顧客の創造」が必須であると言ってきたのは、この世間の支持が得られるような生き方が大前提となることを指しているのです。

社会教育家の私がこの40年間論じてきたのは、「私たち凡人が幸せに生きるには、どうしたらいいのか」という凡人の生き方でした。その正解を求めるために、私自身が独立独歩の厳しい生き方を自らに強いてきたとも言えるでしょう。

その正解が今回のこの本に記されています。

この本の内容は、２０１３（平成25）年の半ばから２０１９年半ばまでの６年間に書きつづった『ぱるす通信』の「田中真澄の月刊提言」をまとめたものです。６年間72ヶ月の提言を６章立ての「新たな時流」「生き方」「事業経営」「教育」「健康」「高齢」に関する提言としまとめ、さらに１章を10節程度に整理し、元の原稿をほとんどゼロから書き直したものです。

言ってみれば、この本は私の40年間の考え方を集大成したものです。これからご紹介する私の考え方が、人の生き方に役立つものであるのかどうかは、私の独立人生を支援してくださった多くの皆様が証言してくださるでしょう。

あるいは、僭越な言い方をご容赦いただければ、私が固定給を手にしないフルコミッションの生活を40年間続けてきた実際の人生が、私の言動の是非を証明してくれるのではないかと思います。

当然のことですが、私の考え方と行動がこれまでの私の人生を築いてきました。

私が83歳まで心身共に健康であり、家内も2人の子供も健全な人生を歩んでいること、そして私の仕事も順調にいっていること、それらの全てが、ここに示している私の提言が間違っていないことを物語っているのではないかと、私は確信を以て皆様にご報告したいと存じます。

幸いに、この本は各節が読み切りの文章によって構成されていますので、どこから読んでくださってもいいようにできています。

どうか、ご興味のあるところから読んでいただきたいと存じます。

この本は、㈱ぱるす出版の梶原純司社長はじめスタッフの皆様のご協力によってできたものです。そのご協力に対して、心から感謝申し上げたいと存じます。

また私の活動をいつも温かくご支援くださっている全国の田中真澄ファンの皆様に、この機会を通じて衷心よりお礼を申し上げます。

2019（令和元）年7月吉日

田中　真澄

――朝礼・会議で使える田中真澄の61話――目次

第2章　生き方についての提言……47

第3章　事業経営に関する提言……79

第4章 教育に関する提言

第1章
新たな時流に関する提言

1 「一身にして二生を生きる」時代の到来

人手不足の昨今でさえ企業では中高年社員に対する実質的な人員整理（リストラ）の動きが絶えず進行中です。その状況はパソコンで「不景気com」と検索すれば、全国の数多くの事例を知ることができます。

例えば2018年の最大人員削減企業はNECの2170名でしたが、同様に2017年はニコンの1143名、2016年は東芝の3449名、2015年はシャープの3234名と、その数字が示す通り有名企業においても人員整理は今も次々と行われています。

安心・安全を望んで大企業に就職した新人諸君はこの事実をよく認識しておくことです。定年まで勤められると安心しているとしたらそれはあまりにも甘い考え方で、これからは中高年のリストラは当たり前と覚悟しておくべきです。

ところが2019年の「新入社員意識調査」（日本能率協会）では、「定年まで勤めたい」

との回答が65・0％であり、この割合は２００６年の27・2％の2・4倍です。この回答の背景には、親や教師が安心・安全の思想を彼らに植え付けてきたことを物語っていると言えましょう。

しかし今では、心あるサラリーマンは40代前半までに転職なり独立ができる力を就職先で身に付けておくことを考えるようになってきています。なぜならば所属価値（どこに勤めているか）よりも存在価値（何ができるか）が問われる時代になりつつあることを、彼らは悟っているからです。

つまり「一身にして二生を生きる」という人生観を持ち、転身や独立を図れるだけの準備を常にしておく時代になったということのです。

戦後の代表的な作家・松本清張氏は82歳で亡くなりましたが、前半の41歳は、高等小学校卒業後、印刷会社に印刷工（意匠係）として勤めたものの生活が不安定なために、朝日新聞西部支社（北九州市小倉区）広告部の版下書きの嘱託に応募して採用され、戦時中に何とか正社員になることができました。しかし在社中はずっと下積みの社員として不遇な人生を送らざるをえませんでした。

その辛さを紛らわせるために仕事の合間は、読書・遺跡めぐり・図案研究仲間との付き合い・ポスターコンクールへの応募などで過ごしました。39歳の時、終戦までの約1年間は陸軍に召集され南朝鮮に出征しました。

戦後、元の職場に復帰したものの安月給で生活が苦しいことから、休日は藁箒を農家で仕入れて、荒物屋に卸して歩くこともしました。

41歳の時に懸賞金目当てに書いた『西郷札』が幸いに直木賞候補に選ばれ、それがきっかけとなって次の作品『或る「小倉日記」伝』が芥川賞を受賞しました。以後は作家として活躍していくのですが、それこそ「一身にして二生を生きる」を絵に描いたような人生を送ったのです。

「成功の女神は準備のない人を助けない」と言います。普段から準備を続けている人には、後半の人生でチャンスを手にできる可能性があることを、この松本清張氏の一生は物語っています。

北九州市立松本清張記念館に掲げられている巨大な年表を閲覧することで、氏の後半の人生を詳細に知ることができます。

2 年齢に関する固定観念の打破

私たちは「歳をとると能力は低下していく」と当然のように考えています。この固定観念は間違いであることを証明する全米の専門家による10年にわたる研究成果の報告書『サクセスフルエイジング』が１９９８年に刊行されました（日本では『年齢の嘘』のタイトルで日経ＢＰ社から翻訳刊行されている）。

その直後この本を拙著『50歳からの定年予備校』（講談社α新書）で紹介しました。しかし今考えると、紹介のタイミングが少し早すぎたようです。なぜなら当時の日本では、高齢者の能力開発について高齢者自身がほとんど関心を寄せていなかったからです。

そう言えるのは、先の拙著を出した頃、某通販会社で「高齢者のための通信教育」の企画が持ち上がり、私に「自己啓発」の教科書の執筆依頼がありました。そこで私はその前に高齢者の間に通信教育の

ニーズがあるのかどうかを市場調査してほしいと頼みました。その結果、高齢者市場にはニーズが乏しいことが判明し、その通信教育の企画は実現しなかったことがあったからです。

ところが最近は、政府が人生１００年構想会議を立ち上げたこともあり、高齢者の間で自己啓発のニーズが出てくるようになりました。現に定年後に大学に通い勉強をし直す高齢者が次第に増えています。例えば、私の知人の一人に、社長職を人に譲って大学院に進学し、61歳で経営学の博士号を取得。その博士論文をベースに著書を著した人がいます。その著書がきっかけとなり、70代の今、各業界の経営セミナーの講師として活躍していきます。

こうした事例は全国の各地で見られるようになりました。これは高齢者の能力開発が現実のものになりつつあることを示しているものです。

先の『サクセスフルエイジング』では、老化についての通念に、次のような6つの間違いがあると指摘しています。

① 歳をとったら虚弱な人になりやすい。

② 高齢者は新しい技術は習得できない。

③　学びは今からでは遅すぎる。
④　両親は選べないから才能がないのであきらめるしかない。
⑤　性的関心は衰える。
⑥　高齢者には働く能力が乏しい。

この6つは、どれも誤解にすぎず、その反対のことが正解なのです。本来、能力開発は年齢不問であり、いつからでも自分を磨き直すことができるのです。人には誰にも潜在能力という未だ未開発の能力が潜んでいます。その能力を引き出すには、常に前向きな行動と考え方の習慣を身に付け続けることです。この習慣を継続実践していくことができれば、私たちは年齢差を超えて自分でも気づいていない未知の能力を開発していけるのです。

その典型的な人物が葛飾北斎（1760〜1849）です。彼は1999年にアメリカの『ライフ』誌の企画「この1000年で最も重要な功績を遺した世界の人物100人」に日本人として唯一選ばれました。彼は88歳で没するまで己の才能を開発し続けた人物で、その生涯は私たち日本人の誇りとすべきことです。

3 小志向の時代の流れに思う

拙著『小に徹して勝つ』（ぱるす出版）を上梓した時、全国の読者の方々から次々と感想の手紙や葉書やメールが届きました。そこには共通したことが一つありました。どなたも拙著を二度・三度と繰り返し読んでくださったことです。それは私の体験談を我がことのように受け止め、それを共有したいというお気持ちを強く持たれたからではないかと思うのです。

40年前、私が独立した当時のわが国はバブル景気に沸き、どの会社も儲かり、社員の昇給は大幅アップし、だれもが昇進できるという、サラリーマンにとっては実にいい時代でした。

そんな時に、どの団体にも所属せず、個業主として独立独歩の自分の存在価値に賭ける生き方を選択した私に対し、大方のサラリーマンは冷ややかでした。中には「田中はバカなやつだ」と陰口をたたく人

も少なくなかったのです。特に大手企業の人たちほどそうでした。

しかし今日では、第1章の「1　一身にして二生を生きる時代の到来」で触れた通り、大企業のサラリーマンも安閑としてられない時代になりました。誰もが中高年になるにしたがって、いつリストラの対象になってもおかしくない状況下にあるからです。

バブル時代に東大を卒業して金融機関に勤務している50代の人が「私の出身高校は東大進学率の高いことで知られており、同級生たちの多くは東大卒業後、金融機関に就職しましたが、今も同じ会社に勤めている人は僅かです。その多くは中途退社し、今どこに勤めているか分からない人もいます」と語っていました。

また中高年のサラリーマンで定年まで無事に勤められたとしても、60歳で定年延長のコースを選ぶと、給与は激減し、若手の管理職にこき使われる立場に追い込まれる場合もあるようです。

ある金融機関主催の講演会に出講した時に担当者の人から聞いたのですが、その会社では60歳で定年延長を選んだ人は、即座に机と椅子が小さくなり、しかも職場の末席に移動させられ、上司は「○○君」と呼称を変えるのだそうです。

そうした状況を目の当たりにする若い社員は、定年延長してまで勤めたくないと思うようです。日本を代表する大企業の現場で働く人の話でしたから、定年を迎える人たちの苦悩が私にもひしひしと伝わってきました。

その点、私のように中途でサラリーマンを辞め、小さいながら一国一城の主になったほうが、少なくとも後半の人生においては、精神的には恵まれることになります。また経済的にも定年がないことから元気でさえいれば、いつまでも働けるメリットを手にすることができます。

そのことが次第に世間一般にも知られるようになり、サラリーマンから個業主になる道を模索する人が増えています。それが先の拙著を幾度も読み返す読者の出現につながっているのだと思います。

人生後半における世の中の流れは、大志向から小志向へとなりつつあります。大きなものに依存する所属価値よりも、小さくとも存在価値のあるものに賭ける生き方が主役となりつつある時代がやってきたのです。

4
１００歳まで働く時代はもう目の前にきている

拙著『１００歳まで働く時代がやってきた』（ぱるす出版）が２０１５（平成27）年に発刊された時、読んだ人たちから次々と私のもとに意見が寄せられました。この本では「１００歳まで働くか、あるいは死ぬまで働く」の覚悟が必要だと述べたのですが、それについて、できればそうしたいと賛同する人たちがかなりいることを、寄せられた意見から知ることができたのです

その人たちの多くは事業主でした。その中にはサラリーマンから転身し事業主になった人たちが含まれていることはもちろんです。

私は世の人々の考え方も大きく変わったなぁと感じました。40年前に独立した当初から私は「人生１００年」「終身現役」を説き続けてきましたが、最初はまともに受け止めてもらえませんでした。

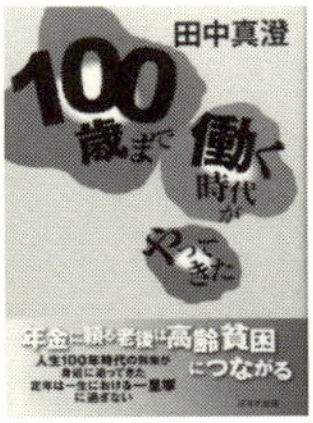

独立当時は１００歳まで生きられるのは「きんさん、ぎんさん」の

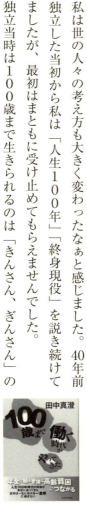

ような特別の人だけだと多くの人は思っていたからです。確かに40年前の１９７９（昭和54）年当時、日本の１００歳以上の人口はわずか９３７名でしかなかったのです。それが２０１８年には６万９７８５名と、なんと74倍にもなっています。

今では私たちの周りにも１００歳近い人があちこちに見受けられるようになりました。それどころか、人が80代前半で亡くなったら「早死」と思われるようにさえなりつつあります。

２０１７年の国連発表の資料によれば、１００歳以上人口の多い国はアメリカが７・２万人とトップで、次いで日本６・９万人、中国６・８万人、インド３・３万人、ベトナム２・８万人となっています。

しかし、対人口比（人口１万人あたり１００歳以上の数）を見ると、日本が１位で５・５人、次いでベトナム２・86人、イタリア２・83人、チリ２・８人、フランス２・６人の順となっており、今後の１００歳以上／１万人の伸び率の予測でも、日本はダントツの１位となっています。まさしく日本は世界一の長寿国になっているのです。

こうした事実を多くの日本人ははっきりと認識していません。そのために日本人の老後観は昔のままなのです。その変わらない理由は、日本では老後をいかに生きるべきかを学ぶ学問である老年学・加齢学の授業が、高校や大学の教育で全くなされていないことです。

老年学が盛んなアメリカでは、すでに５００の大学で老年学が講義されており、老年学を専攻する学部が30以上あります。一方、日本の大学には老年学を専攻する学部・学科どころか、未だに教科書さえありません。これが高齢者率が世界一の日本の現状です。

老年学では「高齢者は英知を備えた貴重な社会的資源と捉え、高齢者も社会貢献を果たしながら、生き甲斐のある人生を送るべきであり、そうした人生を歩むことが高齢者の成功である」と提言しています。

こうした新しい高齢者像を国民一人ひとりが持つことができれば「１００歳まで働く」「死ぬまで働く」といった生き方が世間の常識になっていくでしょう。

幸い日本でも先見性豊かな事業主は「終身現役」の思想を抱きながら、どこまでも積極的に生き、高齢者としての成功人生（サクセスフルエイジング）を送ることを心掛けています。私たちも早くこの生き方を選びたいものです。

5 英国人教授の書いた『ライフシフト』に思う

２０１６年に出版されたロンドンのビジネススクールの２人の教授が書いた『ライフシフト〜１００年時代の人生戦略〜』（東洋経済新報社）が、わが国でもベストセラーになりました。この本を読んだ全国各地の知人から私あてに異口同音に「あなたの言っている通りのことが書いてありますね」と連絡があったことから、確かによく読まれていることが推察できます。

私は独立した翌年の１９８０年に『乞食哲学〜乞食に学ぶ自立の方法』（産能大学出版部）という本を出しましたが、その中で「人生１００年時代の到来を見すえて、定年後は自助自律の人生を歩む準備をしていこう、そのため自立している乞食の生き方に学ぼう」と提言しています。

ところが39年前の当時は、私の提言はほとんど無視されました。

１００歳まで生きる時代がくることなど考えられないとする人たちが

ほとんどだったからです。

それだけに『ライフシフト』が広く読まれていることを知って、そこに時代が大きく変わりつつあることを痛感したのです。


私は今年（２０１９年）で83歳になりましたが、厚労省の資料によれば、私の年齢の平均余命は7・26歳となっていますから、少なくともあと8年は生きるであろうと予測しています。幸いに私は個人事業主ですから、元気でいる間は、どこまでも仕事をすることができます。一方、定年後は自分の仕事を持たず、年金生活と退職金で生活している人たちはこれからどう暮らしていくのでしょう。

先日、大学時代の友人と久しぶりに会食しましたが、仕事のない生活がいかに所在ないかを話してくれました。

福澤諭吉は「世の中で一番寂しいことは、する仕事のないことです」と言い残したそうですが、ほんとうにそうだねと2人で語り合ったことでした。

日本の代表的な老舗である三井家では、初代・高利の遺志を受け継いだ2代目の高平が『宗竺遺書《そうじくいしょ》』と称する三井家に代々伝える家訓を作成しました。その中に「人生は終生働かなければならぬ。理由なくして隠居し安逸を貪ってはならぬ」との一項があります。

この一項に独立独歩を貫く商人魂を見ることができます。「独立自尊」を説いた福澤諭吉も、多分この三井家の大原則を知っていたのだと思います。

彼は『福翁自伝』の中で、明治という新しい時代を開拓すべき青年たちが旧来と同じく官公庁のような権力構造の中で立身出世することのみを望み、外に出て独立し身を立てることに生き甲斐を見い出そうとしない志のなさを、先祖伝来の遺伝的な「迷い」であるとして、痛烈に批判しています。

その批判は今なお通じるものがあります。昨今の学生諸君も未だに官公庁・大企業への就職を望み、独立の道を選び自分の力で身を立てることを考えようとはしません。

しかし人生100年を視野に入れて、少なくとも定年後は所属価値から存在価値に賭ける生き方に転じていきたいものです。『ライフシフト』もそのことを訴えています。

そうするには、事業主としての生き方をまず老舗の歴史に学び、三井家のように死ぬまで働くという覚悟を抱くべきです。これからは、高齢者になっても果敢に挑戦していく意欲を持ち続ける時代なのです。

6 老計の人生設計思想に乏しい日本人

宋の時代の学者・朱新仲《しゅしんちゅう》は次のような「人生五計」という説を唱えています。

① 生計～生命をいかに大切にするか。
② 身計～いかに社会活動に身を立てるか。
③ 家計～いかに家の経済をやりくりするか。
④ 老計～いかに老後を過ごすか。
⑤ 死計～いかに死んでいくか。

この5つの計画の中で私たち日本人が最も苦手としているのが「老計」です。

今の働く日本人の約9割は広義のサラリーマンです。サラリーマンの多くは定年まで働いた後の老後の経済的な支えは、年金と退職金と貯金しかありません。その3つだけでは今後に迫りくる長い老後のために貧困に陥いるかもしれないという事態への準備（老計）は、ほとんどなされていません。

繰り返しになりますが、人生１００年の時代という超長寿の老後がやってくる可能性が年々高まっています。このことはサラリーマンの時代と老後のフリーの時代がほぼ同じ長さになることを意味しています（入社時から定年まで約40年、定年から１００歳まで約35年として計算）。

ところがサラリーマンになるために幼少時から世の中に出るまで学校に通って就職の準備に時間をかけたのに対して、長くなる老後のための準備を、サラリーマンはどれだけ熱心にしているでしょうか。その答えは言わずもがなです。

今の年金制度がスタートした時、年金を支給する年数は平均13年前後であろうと推定しています。65歳で退職したら年金受給は78歳前後で終わるであろうことを前提に作られたのです。ところが現在、実際の支給年数は年々延びており、当初の計画よりも2倍から3倍に伸びています。

これは現行の年金制度のままだと、年金崩壊につながることを意味しています。したがって年金の支給開始年齢は、今の65歳から70歳に、そして75歳に、さらに最終的には80歳まで先送りされるかも知れません。すでに関係者の間では、そのことがたびたび議論されています。

そうなれば、定年後も80歳までは働くことが国民に求められる時代がやってくると覚悟しておかなければなりません。

そのためには、私たち日本人の全てが「終身現役」「生涯現役」「臨終定年」といった言葉が示す通り、死ぬまで働くという新たな「老計」の下に、人生を生き抜くという自己変革をする必要があります。つまり定年後も活き活き生きるための力をサラリーマン時代に養っておくことです。

このことについては、サラリーマン個人よりも政府や経済団体が早く気付き、高齢者の起業支援に乗り出しつつあります。また先見性のあるサラリーマンも、どうしたら定年後に個人事業主として生きていけるかを具体的に模索しつつあります。

超長寿時代の到来に対応した生き方を論じた拙著『小に徹して勝つ』（ぱるす出版）が、今も定年族の間で読まれ続けていること、さらに各県の高齢者起業セミナーに私が招かれることなどを考えると、これからの高齢者は働き続けなければならないという老計の思想が、次第に国民の間で浸透しつつあると理解していいのではないでしょうか。

とにかく老後は年金・退職金に頼るのではなく、死ぬまで働くことを前提にした人生計画が求められる時代であることを本気で受け止める時代がやってきたのです。

7 残業が減っても家に帰りたくない風潮に対して

安倍内閣の主導で行われた「働き方改革」政策の実施の結果、企業における社員の残業は統計上徐々に減少しています。ところが社員はむしろ残業を好む傾向が一方で強いことが分かってきました。その実態が『日経ビジネス』（2016年5月16日号）の特集で明らかにされました。その特集によれば日本のサラリーマンが早く家に帰りたくない理由が2つあると指摘しています。

ひとつは、日本では残業をすれば出世するからというのです。

独立行政法人経済産業研究所の調査では、労働時間が長いほど昇進確立が高いことが証明されています。現在の経営トップ層の間では、残業を重ねて業績を挙げてきた自己の成功体験から、遅くまで働いている社員を評価する傾向があるのだそうです。

ふたつは、早く帰っても、ろくなことはないからというのです。

残業削減が実施されている会社の社員の中には、会社を出るとすぐには帰らず、ひそかに職場に引き返して仕事をするとか、帰宅途中で時間をつぶす人がかなりいるのです。

そういう人に共通するのは、遅く帰れば家事をしなくてもいいという特権が使えるからだとのことです。


しかし、もっと根本的な要因があると私は思います。それは戦後の新憲法の制定で、家長であった父親の権威が否定され、今や家庭は妻や子どもたちの天下になっていること、加えて我が国では昔から家事は妻の領域という不文律の習慣が依然として存在していることから、夫族はそれをいいことに家事の仕事を分担することを避ける傾向があります。

その当然の報いとして夫族は自らの安住の座を確保できないでいることです。それが夫族の帰宅を遅らせている最大の理由なのではないでしょうか。

この理由がある限り、企業側が残業を減らしたからといって、それに比例して仕事を終えたらまっすぐ帰宅する人が増えることにはならないでしょう。

それどころか残業を減らされて会社を早く退社した人たちは残業難民となって、少なくなった小遣いをやりくりしながら夜の街に留まることになります。その証拠に、このところの残業難民の増加が、新たなビジネスを生んでいます。

例えば、吉野家はアルコール・つまみ類などの居酒屋メニューを夜間に提供するサービスを全店に拡大しており、スターバックスコーヒーも一部店舗でアルコールの提供を始めています。また居場所を提供する自習室「勉強カフェ」が、次々と繁華街や郊外の駅前にできています。

このように残業難民の増加は、新たな消費を喚起し、夜の街の活性化につながろうとしています。さらに考え方によっては、この動きは家庭における母と子の安定の座を維持する役割を果たすことにもなりそうです。

もしそうではなく、残業削減を社員の早い帰宅につなげようと本気で政府も企業もするならば、家庭における夫と妻の役割分担の伝統的な習慣を変えるとか、夫族の積極的な家事労働への参加を国として推進する方策を講じていく必要があります。

それに対して夫族は素直に応じるかは疑問です。世の中の仕組みが大きく変わらない限り、夫族のささやかな楽しみを奪うことは決して社会の安定化につながらないからです。

8 金持ちの道を模索するあなたへ

長らく講演家として人々の前で話していると、聴講者のニーズの変遷を肌で感じることができるようになります。バブル景気が終焉し20年以上にわたる低成長が続いている昨今では、日本人の関心事が「善悪よりも損得」（いかに儲けるか）に傾斜していることを強く感じます。逆に言えば、儲からない話には興味がないということにもなります。

私がかつて日経に勤務していたキャリアがあることから、講演では儲かる話が出てくるのであろうと期待している聴講者もかなりいます。特に銀行主催の講演会ではそうした人が多く参加しています。

ところが、私はどうしたら儲かるかの話は一切しません。そのかわり商売を長く繁盛させている事業主はどういう生き方をしているのかのコツを話すことにしています。

事業で成功したいと考えている人はこの話に耳を傾けてくれますが、とにかく今すぐ儲かることしか考えていない、特に若い世代の人は、成功者の生き方のコツなどはどうでもいいのです。

すなわち今すぐ儲けたい人にとっては、どう儲けるかのハウツウ（具体的な初歩的な方法）が知りたいのです。ノウハウ（その道を多少知っている人が知りたいコツ・秘訣）ではないのです。

このハウツウしか知ろうとしない人は、自分への理解が足りない感じがします。つまり自分は何のために生きているのかを深く考えていない人がそうです。

２０１８年3月号の『日経ビジネスアソシエ』の特別付録「意外だけど腑に落ちるお金持ちの生活習慣」を読むと、人生で成功していく人は総じて自分への理解が十分であることを知ることができます。

自分を深く理解している人というのは目的意識を強く自覚しているだけに、人生どう生きていけばいいのかを考察し、目的達成のためにはあらゆる困難に積極的に立ち向かう考え方・行動の習慣を身に付けているか、または身に付けようと努力しているものです。

そういう人はいつか事業主として成功するためのノウハウを学び、後半の人生で自分の仕事を確立し、正々堂々と生きていこうとしている人です。そういう人は結果的に金銭的にも恵まれることになるのです。

ところが人生の前半で、深く自分を理解できないまま、家柄や学歴に頼って大きな組織に所属し、名刺を武器に「所属価値」だけで生きてきた人は、残念ながら後半の人生で自分の独自性を発揮できないまま、精神的にも経済的にも寂しい人生を送ることになります。

そうなりたくない人に対して、私は『となりの億万長者』（早川書房）を読むことを奨めています。この本は１９９６年に出たアメリカの２人の学者が調査した高額所得者に関する学術レポートですが、本当の金持ちはどういう生活を送っているのか、今読んでも参考になります。長く金持ちとして生きていくためのヒントが数多く示されています。

本物の金持ちは大都会のビルに事務所を構えて高級車を乗り回している人ではなく、その辺のまちなかに住み、市井の一人としてつつましやかに生活している人であることを知らされます。そこから本物の金持ちの真の生き方を学びとることができるのです。

9 世界的に良い生活習慣の実践が問われてきている

今、日本に限らず世界的に良い生活習慣の実践が改めて問われています。あの中国でさえ、心ある事業経営者の間では日本の二宮尊徳の教えや京セラの創業者・稲盛和夫氏の講演・著作を通して勤勉な生き方を求める動きが見られます。

日本でも戦前から戦後にかけて良き習慣の徹底を説いた森信三氏の著作が、教育者や経営者の間で盛んに読まれるようになりました。

そうした動きには2つの理由があると思います。

ひとつは、グローバリゼーションの広がりで、各国とも「個人」重視の価値観が次第に重視されるようになった結果、「家庭」第一とする価値観が年々減少しています。そうなれば家庭教育で最も大事な良き習慣の形成が軽視されることになります。

ふたつはIT社会の進展で、パソコンやスマホが個人の段階まで普及したことで、生活があまりにも便利になり、生活のあらゆる側面でパソコンやスマホに依存する生活が当たり前となりつつあります。その結果、良い生活習慣を形成する場である家庭の重要性がやはり軽視されていることです。

この家庭での良き習慣形成について、かつて福澤諭吉は『福沢諭吉家族論集』（岩波文庫）の巻之一の「教育の事」でこう述べています。

「教うるよりも習いという諺あり。けだし習慣の力は教授の力よりも強大なるものなりとの趣意ならん。子生まれて家にあり。その日夜見習う所のものは、父母の行状と一般の家風よりほかならず。一家の風は父母の心を以て成るものなれば、子供の習慣は全く父母の一心に依頼するものというて可なり。故に一家は習慣の学校なり、父母は習慣の教師なり。而してこの習慣の学校は、教授の学校よりも更に有力にして、実効を奏すること極めて切実なるものなり」

人間社会は長い歴史の中で、お互いの人間関係を良くして幸せに生きていくための基本的な生活態度を「良き生活習慣」として位置付け、それを身に付けて日々実践することの大切さを、家庭で両親が子に教えてきたのです。

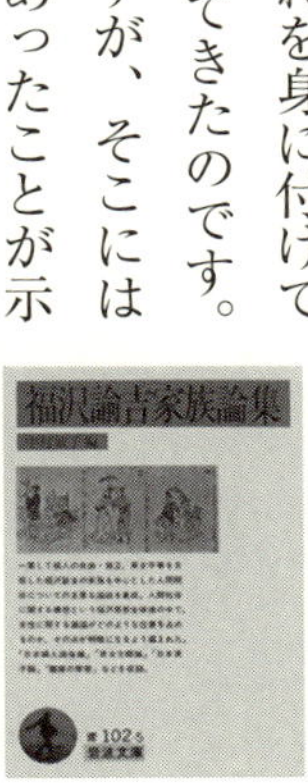

先の福澤諭吉の一文は明治11（1878）年のものですが、そこには明治維新後の世の中では当たり前の習慣であり常識であったことが示

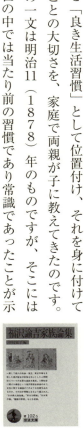

されています。

したがって明治時代までは、良き生活習慣が大方の日本人の間で実践されていました。幕末から明治にかけて来日した欧米人たちは日本人の良き習慣に驚嘆している記録が残っていますが、当時はそれが日本のありのままの姿だったのです。

私の父母は明治の生まれですし、私が通った小・中・高校の教師もその半数が明治の生まれの方々でした。したがって私のように戦前に生まれた人間は、家庭と学校で日本の伝統的な習慣を身に付けるように指導されたものです。

例えば、しつけ三原則の「挨拶・返事・後始末」がそうです。このしつけは戦前生まれの人たちにとっては当たり前の習慣でした。ところが戦後も30年も経った頃には、世の中の常識ではなくなりつつあったのです。

その証拠に１９７９（昭和54）年からスタートした私の講演ではこの「しつけ三原則」の話が評判を呼び、その実践法が広く求められたのです。以来、私は講演のたびに繰り返し良き習慣の実践を訴えています。今の日本には本来家庭が教えるべき当たり前の習慣がなくなりつつあるからです。

一方で、良き習慣が守られている家庭で育った子どもたちは、スマホ依存症に陥ることがないことを現場の教師たちはよく知っています。

10 「文明法則史学」を歴史観の根底に

「文明法則史学」とは、文明評論家の村山節《みさお》氏（１９１１〜２００２）が38年の歳月を費やして完成した文明興亡の歴史を研究した史学です。この法則史学が１９７５年に『文明の研究〜興亡とその法則』（六法出版社）として発表されると、学界・経済界から大きな注目を浴び、その独自の史学は今も多くの指導者の先見性を形成する土台の理論として息づいています。

同書の表紙には法則史学会による次の言葉が記されています。

「あらゆる大文明の発展および衰亡の一般法則と個別変異性（特殊法則）が示され、物理学におけるアインシュタインの一般相対性原理などにも匹敵する大発見が、歴史学の上に加えられたものと信ずる」

この文明法則史学によれば、世界史の流れは東の文明（メソポタミア文明・インド文明・中国文明・日本文明の総合）と西の文明（エジプト

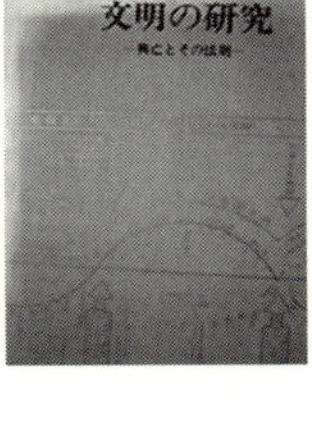

文明・エーゲ海文明・ギリシャ文明・ローマ文明・ヨーロッパ文明などの総合）の２つの波で構成されており、この２つの波は８００年ごとにその優位性を交代していくというリズムを伴っていると説明しています。

その東西文明の交代は、近々では２１００年を境として前後±50年の間に起きることになっています。つまり、１９７５年から２０２５年の50年間に、文明交代の混迷が続いた後、東の文明がこれまで時代をリードしてきた西の文明に代わって、世界の発展に寄与していくことになると言うのです。

そうした文明交代の時期があるとすれば、私たちは今、８００年に一度の文明交代期の只中に生きていることになります。

確かに20世紀後半頃から欧米の力が衰退していくのに対して、日本・中国・インド・東南アジアの勢いが次第に強くなっている傾向を、私たちは何となく実感しています。

このことは、日本を含めた東の文明が、目下は混迷な状況下にあるものの、そのうちに興隆の波に乗っていくことを示唆していると言えるのではないでしょうか。

かつて松下幸之助氏は「大楽観の小悲観」と言いながら、21世紀は日本が大きく成長していく時代なのだから、目先の混迷に振り回されることなく、じっくり構えていくことだと説いていました。

現在の日本は、内にあっては少子化による人口減少や高齢化による地方衰退や年金・医療などの福祉対策に追われ、外にあっては中国や韓国との様々な政治問題を抱えており、共に厳しい状況下にあります。

しかし切り口を変えて考えてみますと、今の日本が直面している諸問題は、東の文明に属する国々がそれぞれ同様に将来抱える問題でもあるのです。現に韓国や中国では年金の問題が徐々に顕在化しつつありますし、都市と地方の格差も無視できなくなってきています。

日本はこれらの問題の先進国であり、その対策に奮闘しています。その経験（知恵や対策）はすべて諸国が求めるものでもあるのです。日本がリーダー役として活躍できる舞台が整えられつつあると言えるでしょう。

第2章　生き方についての提言

11

ダルマに学ぶ人間の生き方

倒しても倒しても起き上がるダルマの特長は、よく「七転び八起き」の人生にたとえられます。それは、どんな困難に出会っても歯を食いしばって耐え抜き、ついに目標を遂げる生き方をさします。

そうしたダルマに似た生き方をしながら、自分の目指す道を貫いている人がどんな時代にもどんな世の中にも存在するものです。その人たちに共通するのは「心構え」（心的態度）という能力が身に付いていることです。（ダルマの底には鉄魂が貼り付けてあり、この鉄魂の重量はダルマ全体の重さの80％に相当する）

そのことについて、世界的な積極思考の指導者ジョセフ・マーフィー（1898〜1981）はこう語っています。

「人間にとって知識や知恵、体験や情熱も大切ですが、最も大切なのは心構えです。すなわち心的態度です。心でどう考えたかが、その人の才能や努力、知識以上に重要な要素なのです」

この心構えの中で最も大切なことは、自己の目標に向かって地道にコツコツと努力を続けていく忍耐力（根性）ではないでしょうか。

古河財閥の創業者古河市兵衛（1832〜1903）は「ほんとうに辛抱強ければ必ず運が開けてくるものだ。私はいつも『運・鈍・根』を唱えてきた。運は鈍でなければつかめない。利口ぶってチョコマカすると運は逃げてしまう。鈍を守るには根がなければならぬ」と語っているように、彼は「運・鈍・根」の中でも「根」を最も重視していました。

ダルマのように、どんなに倒されても起き続ける根性（ガッツ）があれば、人は自分の選んだ道で最後は目標を達成できるのです。

ですから私は講演の中でいつもコツコツ、コツコツと言いながら、毎朝、目標を心に描き、言葉で唱え、地道に努力を続け、ガッツを武器に地道に生きていこうと訴え、「心構えは機関車、知識や技術は客車」と言ってきました。

1970年代、日本でもマーフィーの『眠りながら巨富を得る』がロングセラーになりました。この本の翻訳者は大島淳一氏ですが、実

はこの名前は渡部昇一氏の仮名だったのです（後年、この事実を渡部氏は自身の著書で公表）。

渡部氏はマーフィーの成功法則をご自分の人生でも活用されて、根性（ガッツ）を重視された方でした。氏はテレビの教養講座で次のように語っています。

「人間の知情意の働きを英語で表す場合、知の部分をつかさどるのは『マインド』で、優しさや情をつかさどるのは『ハート』、そして『腹が据わっている』という意味での『腹』や胆力、根性といった部分が『ガッツ』である。（中略）江戸時代の教育を受けた人たちが第一線で活躍していた明治時代は『ガッツ』の面で優れた人々が多かった。しかし日露戦争後、そのような人々が引退していくにしたがい、『ガッツ』は希薄になっていった」

この「ガッツ」は、良き生活習慣を実践することで身に付きますが、特に戦後の家庭や学校ではその実践を軽視しています。もう一度、江戸時代の教育を見直し、そこからやり直すべきです。

12 日本人の誇り

10年前、拙著『江戸時代に学ぶ』（ぱるす出版）を上梓した時は、まだ多くの人々は江戸時代の日本人の生き方に対してあまり関心を寄せていなかったこともあり、この本の反響は少ないものでした。

ところがここ数年、江戸末期から明治維新にかけて来日した欧米の知識人たちが当時の日本人の生き方を絶賛している文書が注目されるようになりました。

その代表的なものが思想史家・渡辺京二氏の『逝きし世の面影』（平凡社）です。この本は１９９８年に福岡市の葦書房から出版されると、和辻哲郎文化賞を受賞したこと、作家の石原慎太郎氏が高く評価したこと、さらに平凡社ライブラリーに取り上げられたことで、一躍ロングセラーになり今もよく読まれています。

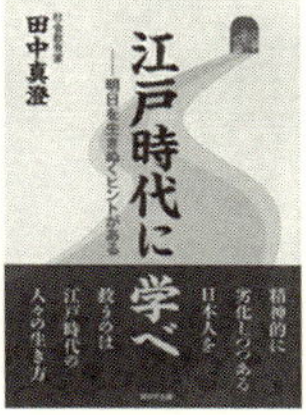

渡辺京二氏は熊本市に住む在野の史家です。氏は、わが国が明治以後、西洋文明を追いかけるあまり、江戸時代までの長い歴史の中で日本人が培ってきた独自の文明を失っていった史実を、幕末・明治年間に来日した欧米人の記録を丹念に精査し、その事実を体系的に集大成したのがこの本です。

一読して感じることは、明治維新前の日本の庶民たちは、今の日本人と比べると、何と明るく楽天的に生きていたかということです。当時の日本人は物質的にはずっと貧しかったにもかかわらず、精神的には今よりも満たされており、今の私たちが想像する庶民像とは全く違って、実に活き活きと生きていたことが分かるのです。

しかしどうしてそうした違和感を抱いてしまうのでしょうか。それには次の2つの理由があると考えられます。

ひとつは、江戸幕府を倒し明治維新を成功させた薩長閥中心の明治政府は、幕府が司どった江戸時代の日本人の生き方を高く評価するわけにはいかなかったという歴史上の事情があったこと、

ふたつは、終戦後、日本を占領したアメリカの教育方針が、過去の日本の全ての歴史を否定することから始まったことです。

この2つが大きく影響して、本来の日本の誇らしい歴史や文化文明が、日本人の心の財

産として形成されなかったのです。

しかし今や明治151年、戦後74年となり、明治維新も終戦も遠い過去になりつつあります。したがって、もう誰に遠慮することなく、私たちは江戸時代の日本の歴史と日本人を誇りに思い、過去の日本人の生き方を正当に評価すべき時代を迎えたのです。

そのためには、江戸時代から明治にかけて活躍した人々の生き様を、当事者が残した自伝やそれに類する本を読むことから始めるのが一番効果的な方法です。

私の場合は、まず自伝なりその人を紹介した本を読んだ後、できればその人が活躍した場所や記念館を訪ねてみることにしています。そこには本だけでは得られない情報が用意されており、その人の歴史を通して、当時の日本の姿を見る目を開かせてくれます。

私は心構えを磨く教育に強い関心を抱いていることから、そのことに関与した人々の生まれた場所や記念館には、仕事の合間を利用して出かけていくように心がけてきました。拙著でよくとり上げる石田梅岩・伊能忠敬・二宮尊徳・福澤諭吉などの生誕地を訪ね、その現場に残されている記録から多くのことを学んできました。偉人の生まれ育った場所に立ち、遺品に接する機会を持つことで、はかり知れない多くの刺激を受けるものです。

13

明治人の気概に学ぼう

江戸末期に生まれ日本の近代化に貢献した人々を調べると、これが今の私たちの先輩であったのかと驚くほど、壮大な気概と根性に基づいて積み重ねられた実績に圧倒されるものがあります。

明治の日本はまだ経済的には余裕の乏しかった国にもかかわらず、１８９５（明治28）年には台湾を、１９０５（明治38）年には満州を、１９１０（明治43）年には朝鮮を、それぞれわが国の植民地として統治を開始しています。

３つの植民地は終戦を以て相手国に無償で返還していますが、この統治時代の35〜45年間に、わが国は植民地に対して莫大な投資を行い、行政機構から産業・教育に至るまで社会的インフラの整備に力を貸したのです。

それは欧米諸国が植民地から搾取した歴史とは全く違う、日本からすれば自己犠牲の投資を重ねた歴史でした。もしその投資がなければ、台湾・朝鮮・中国の戦後の急速な発展はありませんでした。

中華人民共和国を成立させた毛沢東も周恩来も、その日本の貢献をよく認識していました。ですから1972（昭和47）年日中国交正常化がなされた時、その共同声明において「中国は日本に対して戦争賠償の放棄を宣言する」と明確にうたったのです。当時の中国指導者は、戦前の日本が中国（満州）に莫大な投資をし、それが中国近代化の大きな基礎になったことをよく知っていたからこそ、戦後の賠償を放棄することになったのだと思います。

それは韓国にも言えることで、戦前のことを熟知していた韓国の指導者が健在だった1980年代までは、日本が朝鮮にいかに膨大な投資をしていたかを知っていたこともあり、日本に対する感情も肯定的な面が強かったものです。

ところが昨今の中国と韓国の反日的な言動には呆れるばかりです。植民地時代の日本の振る舞いを批判するばかりで、両国とも日本の貢献度に対しては一言の感謝の意を表明することはありません。それについて私たちは我慢するとしても、未だにあれこれ新たな賠償を求めてくることに対しては、どうしても納得がいきません。

これ以上、中国と韓国が何かを要求してきたら、日本は逆に明治から終戦までのわが国が両国に注入した経済的投資の弁償を強く申し出るべきだと思います。

それにしても明治の人々が自国に要する建設費を犠牲にしても植民地のためにどこまでも誠意を盡した、その心の大きさには感心するばかりです。

そうさせたのは、江戸時代に全国的に普及した石門心学（石田梅岩が説えた商人道）の教えも一つの要因であったと考えられます。

石門心学では、我欲を抑えて倹約に努め、相手のために投資をすることを推奨しました。ですから国民は日本が自国のことよりも相手国に盡すことをよしと考えて倹約に努めたのです。

この明治人の心意気と他国に対して精いっぱいのことをしてきた事実を私たちは大いに誇りたいものです。そして明治人のように自己犠牲をしても相手に盡す精神で仕事に取り組む姿勢を、私たちはもう一度学び直し、そのことを勇気をもって実行していきたいものです。

14 終戦時の引揚者の体験記は生きた教科書

２０１１（平成23）年3月11日に起きた東日本大震災による死亡者は、行方不明者を含めて1万８５００人と報じられています。この数字は、１９２３（大正12）年の関東大震災の死亡者10万５０００人に次ぐものですが、関東大震災を知らない今のほとんどの日本人にとっては、東日本大震災の死者の数はショッキングでした。

それだけに東日本大震災で亡くなられた方々に対して、ここに改めて心からのご冥福をお祈りするものです。

それに加えて、この機会に、やはり戦前のことを知らない戦後生まれの人たちのために伝えておきたい事実があります。

それは終戦後、当時の台湾・満州・朝鮮・千島樺太などから引き揚げてきた民間の日本人の約３２０万人の中に、引揚途中で亡くなった人が大勢いたという事実です。

特に満州からの引揚者は、ソ連軍の一方的な不可侵条約破棄による侵入により、国の保護もなく自力で帰国せざるを得ませんでした。そのために途中でソ連兵による拉致・略奪・暴行・強姦・病死・凍死などによって、多くの犠牲者が出てしまいました。終戦の年だけで約24万人の人が帰国途中で亡くなったと言われています。

この死亡者数は、東京空襲の10万人、広島原爆の14万人、長崎原爆の7万人に比べても、いかに多いかが分かります。しかしこの引揚者の惨状は、戦後のわが国では広島・長崎の惨状ほどには語られないままに今日に至っています。

もちろん無事に内地に到着した引揚者も辛酸をなめました。外地に全ての財産を残し、着の身着のままで内地に戻った引揚者は、帰国後、何もかもがゼロからの出発でした。しかも当時の政府は、占領軍の管理下にあったこともあり、引揚者救済などできない状況でしたから、引揚者は困窮を強いられながら、しかも自分の力で生きていくしかなかったのです。

こうした引揚者の実態を今の国民が知ることはとても大事なことです。なぜならば、外地での戦後の混乱の中で自立自助を貫き、生きて帰国できた人々の手記は、今の私たちにとって最良の生き方教育の参考書だからです。

東日本大震災で自分の家や職業を失くした大勢の方々は、まさにゼロからのやり直し人生が強いられたのです。その方々の生き方の指針は、引揚者の手記に隠されています。つまり320万人の引揚者が実際に体験した歴史の中にあります。

失礼な言い方になるかもしれませんが、東日本大震災による被災者は、まだ戦後の引揚者よりも恵まれていると思います。そのことは実際の引揚者の手記を読まれることで、ご理解いただけるでしょう。

終戦から74年が経過した今日、引揚者の子どもでさえすでに高齢者になっており、当時のことをよく覚えている人は少なくなりました。しかし引揚者が書き残した記録は今でも読むことができます。

私は、藤原てい氏の2冊『流れる星は生きている』（中公文庫）と『旅路』（中公文庫）を読んで、満州からの引揚者の実際を知りました。藤原てい氏は作家・新田次郎の奥様であり、藤原正彦氏のお母様です。正彦氏の『ヒコベエ』（新潮文庫）の作品の中にも、3歳の正彦氏が母親に手を引かれて帰国できた様子が描かれています。

またアメリカの中学校の副読本として読まれているヨーコ・カワシマ・ワトキンズの『竹林はるか遠く～日本人少女の戦争体験記』（ハート出版）は北朝鮮からの引揚者の記録として知られています。

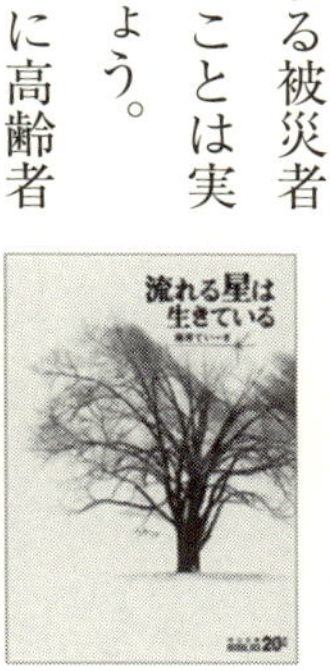

15 保守主義の台頭

オリンピックが開かれる年は、アメリカの大統領選挙の年でもあります、選挙の年の前年の年明けから各州の予備選挙が順次行われ、7月の共和党と民主党のそれぞれの大会で最終的に1人の候補者が選ばれ、11月の選挙で新大統領が決まります。その10か月間は、同国最大のイベント期間と言われています。今年はトランプ氏の再選がなるかどうか、世界の注目が集まっていますが、結果はどうなるのでしょう。

例えば第40代大統領に就任したロナルド・レーガンは、当初マスコミでは不人気でした。ところが今ではアメリカ史上、最も優れた大統領の一人と評されるようになってきています。

そのレーガンが大統領時代、執務室に写真を掲げ、常に尊敬の念を抱いていた人物がいます。その人物とは第30代大統領のカルビン・クーリッジです。彼は教科書でも触れられてこなかったほどアメリカの国内でも長い間忘れられていた存在でした。

ところが2010年、作家チャールズ・ジョンソンの『何故、今、クーリッジか』（原題 Why Coolidge）が発刊されてから、クーリッジが実は偉大な大統領であったことが世に知られるようになってきました。

私たちが教科書やマスコミの報道で、優れた大統領として知らされてきたウッドロー・ウイルソンやフランクリン・ルーズベルトやジョン・ケネディたちは、左翼系のマスコミや歴史家や大学教授たちの高い評価に支えられたものであって、保守系の人々から見れば、それは偏った評価でしかなかったのです。

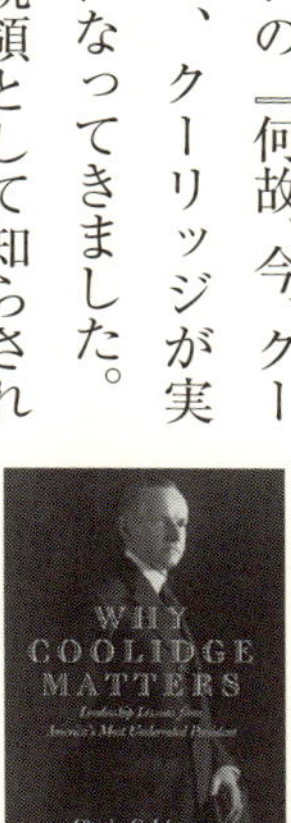

その点、クーリッジもレーガンも保守主義の立場からすれば、大統領として素晴らしい手腕を発揮した人物と言えるのです。

つまり戦後70年間、アメリカも日本も左翼思想のマスコミが世論を形成してきました。それがここへきて保守主義の台頭で、やっと当たり前のことをきちんとする人物が正当に評価されるようになってきているのです。

クーリッジは次のような言葉を残しています。「私が倹約政策に傾倒するのはカネを節約したいからではない。人々を救いたいからだ。この国の政府の支出を支えるのは働く人々である。政府が1ドル無駄に使えば、それはその分彼らの生活が乏しくなることを意味する。政府が1ドルを慎重に倹約すれば、それは彼らの生活がその分豊かになることを意味する。倹約とは最も実用的な形式での理想主義である」

このようにクーリッジは人間の経験に基づいた「当たり前の哲学」を主張しました。そんな思想の持ち主のクーリッジは、ウイルソンやルーズベルトが反日政策を掲げる大統領であったのに対し、大の親日家でした。関東大震災の時、アメリカ国民に呼びかけて1200万ドルの義捐金を贈ったのです。移民法案の反日条項を排除すべきだと議会に働きかけたのも彼だったのです。

彼の「当たり前の哲学」は、今、日本でも見直されつつあります。「凡事徹底」の言葉が人々の口に登るようになり、当たり前のことを地道に続けることの大切さが求められてきているのがその一例です。日本にも本来の保守主義が台頭する兆しが見えてきています。

16 日本の起業率の低さを挽回するのは定年族の務め

どの統計を見ても日本の起業率は世界で最も低いランクにあります。この原因は日本の長い間に培われた民族性に由来していると思います。日本民族は「群れの民族」です。「群れ」は「村」と同じ語源だといわれているように、村の人々の集いは、まさに群れを象徴するものです。

その集いはかつて共存共栄の仕組みで運営され、村人は困ったことはお互いに助け合う相互扶助の精神で繋がっていました。村には掟（村人による私的な規則）や秩序があり、それを破ると江戸時代までは村八分という罰が与えられ、葬式・火事を除いて村人との交流が許されなかったのです。したがって村人は村八分にならないように掟を守り、勝手な振る舞いをして村人からのけ者にされないようにするために人と同じにすることが習い性となっていました。

そうした江戸時代までの長い慣習が、未だに今の日本人の生き方に色濃く残っているのです。

私たち日本人は社会人になると多くが就職します。その就職先の会社・団体が昔でいう村に相当します。その就職先には就業規則という公的な約束事の他に、私的にも守らねばならぬ掟があるのです。それを守らないと、職場いじめ（パワーハラスメント・セクシャルハラスメント・モラルハラスメント）を受けることが今も後を絶ちません。

特に職場で同僚と違った意見を吐いたり行動したりすると、周りからはあまりいい評価はされません。日本人は同質性の強い民族だと言われているからです。そのために人と違ったことを言ったり行ったりすることは、嫌われるという雰囲気が未だに職場に根強く存在しています。

そうした職場環境に身を置きながらも、なおかつ異質な言動を行うには、よほどの勇気と自信を持つことが求められます。日本のサラリーマンが起業家として独立する率が世界的に最も少ないと言われる所以は、そうした独自の職場環境のせいだと思います。

またサラリーマンである夫が独立を試みようとすると、妻や妻の実家の強い反対を受けて、殆どの場合、断念せざるを得ないのも大きな要因です。

私が43歳で日経を辞めて独立した時、「よく奥さんが許してくれましたね」と言われたものです。私の家内は商家の育ちであったため、私が事業主になることにさほどの抵抗感を持たず、家内の実家もそれは同様でした。この体験があることから、講演の中で「妻をめとるなら事業主の娘がいい」と話すことがあるのです。

加えて私の場合は、サラリーマンの時から事業主になるという秘かな願望を抱いていたことから、会社の中で独自の意見や行動をとる際に、周りからあまり批判を浴びないように、仕事上では期待以上の成果を残してきました。そして「田中は仕事のできる真面目な男だ。あいつのことは仕方がない」という周りの評価を醸成していきました。独自の生き方を貫くためには、そうしたことが必要だと覚悟していたのです。

しかし誰もが私のような行動をとることは難しいでしょう。そこで私は、「定年まではきちんと勤めながら、その間、休日を活用して専門力を磨き続け、定年後の独立に備えること」を勧めているのです。

知人の金融マンで、役員の道を蹴って、定年後に長年の念願であった事業を立ち上げ、まさに孤軍奮闘しながら成功をつかんだ人がいます。これまでは考えられなかったようなそうした生き方が、今後はサラリーマンの間で珍しくない時代がやってくるのではないでしょうか。

17 「一芸八年」の意味を考える

「芸は身を助ける」の諺は、芸（自助の技術）を身に付けておけば、いざという時に生活を支えられることを意味しています。この言葉を実感できるのは、サラリーマン（ＯＬを含む）が務め先の組織を離れた時です。私の場合で言えば、日経を辞めた時、講演家として生きていける資格と実際の経験を有していたことです。

私は日経時代、会社の社員研修の講師として数多くの場数を重ね、それなりの評価を得ていたこと、片や当時の話力研究所で２年間、休日を利用して話力の訓練に努め、話力講座の講師資格を取得していたこと、さらに東京教育大学時代には「社会科」と「職業指導」の中学・高校の教員免許を取っていたこともあったりして、独立しても何とかやっていく自信が心の底にありました。

そうした経験も資格もなくて独立することは無謀です。私は学生時代からいつもそのことは考えていたことから、サラリーマン時代、休日を活用して一芸の習得に時間をかけてきたつもりです。

そこで、サラリーマンが会社勤務の合間に、自分の生活を支える芸（スキル）を何か身に付けておくべき心得を知っておきたいものです。

それは、その習得期間について具体的に把握しておくことです。「一芸八年」と言われているように、職人やその道の専門家の世界では一人前のプロとして生きていくためには、最低八年の歳月がかかると言われています。

うなぎ職人の世界では、「串刺し3年、裂き8年、焼きは一生」という言葉があるように、何の商売でも、その世界で通用する技術を習得するには8年は必要というのが、一般的な経験法則です。

これを時間換算で表現すると約1万時間と言われています。そのことをもっと詳述すれば次の通りとなります。

1年の休日は祝日を含めると115日ですから、働く日数は250日。これから休憩時間や会議・準備時間などのアイドルタイムを除くと、1日当たりの賞味の技の習得時間は5時間前後となります。

これらの数字を掛け合わせると、1日5時間×年間250日×8年間=1万時間となります。

職人の世界では、仕事そのものが技の習得につながりますが、サラリーマンはそうはいかないことから、その場合はロングランで休日を活用することです。

具体的には次のように考えることです。

年間115日の休日のうち、半分は家族サービスに当て、残りの約60日を習得日とします。習得日の活用時間を1日10時間とすれば、その60日分は6000時間となり、これを17倍すれば1万時間となります。つまり入社して17年間、休日を上手に使って努力すれば、その道のプロ・専門家になれるということです。

実際に、30歳から税理士になるための勉強を始め、20余年かけて資格を取得し、定年後、税理士として活躍している人がいます。要は、21世紀はプロの時代という時代認識を抱き、自分の得手をプロの領域に達するまで努力を続けると、サラリーマンの誰もが何らかの専門家として、定年後、独立人生を歩めるということです。

私はこうした話を40年間、講演の中で述べてきましたが、その結果、私の説を信じてそのように人生を歩んだ方々は、定年後、みんなといっていいほど、プロとして活動しています。

定年後の人生を左右するのは、定年までの生き方で決まることがこの事例でも明確に示されています。

18 起業に対する新しい考え方を

マスコミでは、ハイリスク・ハイリターンのベンチャービジネスに賭ける人を「起業家」と称して、その成功や失敗の物語をよくとり上げています。しかしサラリーマンから独立して個人事業主として活躍している人を観察していれば分かることですが、自宅を事務所にして堅実な経営をしながら、ローリスク・ローリターンの生き方に徹し、社会的な貢献をしている人もかなりいます。私はこういう人を「個業家」と称して、多くのサラリーマンがこの個業家を目指すことを奨励しています。

というのは、アメリカ政府の『中小企業白書』によると、中小企業の74・6％は事業主だけの個人事業、すなわち個業家だからです。アメリカではこの個業家の誕生の多さが好景気を支えているとも言われています。アメリカの大学構内の書店に立ち寄ってみると、スモールビジネス関連の本が所狭しと並べられているのが目につきます。それだけ学生は起業に強い関心を抱いているのです。

日本の大学の書店では起業に関する本を探すのは一苦労です。その反面、公務員や大企業への就職に関する本はずらりと並んでいるのです。

日本社会は、大学を出て一流企業や公務員になる人が優秀であるという評価が確立されており、起業家（個業家を含む）を目指す人は評価されないのが現実です。このことが日本の長引く不況の原因だと説く専門家もいるほどです。

日本政府もやっとこのことに気付き、経済産業省を中心に、独立を目指す人たちを支援する政策を実施し始めています。その流れを受けて、商工会議所・商工会・銀行・信用金庫などの金融機関でも小規模事業に対する支援事業が展開されてきています。

この新しい動きをいち早くとらえようとしているのは、実は若年層ではなくて、むしろ定年を迎えた人たちやリストラで中途退社を余儀なくされた中高年の人たちです。

こうした中高年の起業の動きを、政府もマスコミも大いに盛り立てていくべきです。日本の教育では欧米先進国と違って、学校では起業教育を全くしていません。ですから起業家となるための心構えも能力も身に付けている若者はほとんどいないのです。

そのことを考えると、学校を卒業したらまずは就職し、そこで社会人としての基本を身に付け、さらに仕事を通し、余暇を活用して自分なりのプロの腕前を磨くことが先決です。

そしてできれば定年後、個業家としてリスクを負うことなくマイペースで新たな人生をスタートすればいいのです。私のファンの多くはそういう人生航路を歩んでいます。

その中の一人に大手メーカーで働きながら技術士の資格を取り、定年後、中小企業に対するコンサルティングを展開し、大きな成果を挙げている人がいます。

その人がサラリーマン時代に培った専門力が、中小企業の経営者や従業員の活動を助けて喜ばれており、本人もまた自分の能力が生かせることで誇りと自信を得られ、充実した老後人生を送っています。

そういう姿を見せてもらうたびに、人生の勝負は後半にあることをつくづく感じます。

「人生は60歳からが本番」という言葉は、老後が長くなった今日ではまさに的を射ており、いよいよ高齢起業の時代がきたことを実感しています。はやく世間の考え方もそうなってほしいものです。

19

井波彫刻に学ぶこの道一筋の生き方

現在のＩＴ社会に生きる私たちが心得ておかねばならないのは、パソコン・スマホの活用で知りたい情報が簡単に入手できるようになったため、あれもやりたい、これもやりたいと多様な欲求を抱くことになり、その結果、一つのことに集中して努力することをせず、何事も中途半端になってしまうことです。

私たちの生きる目的は「生涯学習・生涯現役」の言葉で示されているように、生涯にわたって自分を磨き続け、世のため人のために自分の仕事を続けながら、最後に穏やかに死んでいくことです。

このことについて近代彫刻の父と言われたフランスのオーギュスト・ロダンは「仕事は生活の方便ではない。生活の目的であり、働くことが人生の価値であり、人生の歓喜である」と語っています。また英国の歴史家トーマス・カーライルは「人間にとって最優先課題は、この世で自分がなすべき仕事を見い出すことである」と言っています。

この生きる目的を目指しながら生きている人が多く住んでいるのが富山県南砺市井波町です。この町には250年の歴史を持ち日本遺産に選ばれた井波彫刻の彫刻師300名と、その弟子たち数百人が5年制の井波木彫工芸高等訓練学校（日々は親方と住居を共にしながらの分散訓練『応用実技』と、週1回訓練校において基礎学科と基礎実技を学ぶ集合訓練とがある認定職業訓練校で、中卒以上で25歳までの入学資格があり、県外の人も受験でき、合格すれば有給で訓練が受けられる）で学びながら、みな一様に彫刻一筋の人生を送っています。

このように300名を超える彫刻師が一つの町に住んで活動しているというケースは世界でも非常に珍しいそうです。

井波彫刻に携わる人々の中には、大臣表彰・各種の展覧会の入選者・日展審査員受賞者・日展評議員などの有名彫刻師も多数含まれています。

井波彫刻の作品は欄間・仏像・衝立・天神様・獅子頭・パネル・山車《だし》が主なもので、加えて神社・仏閣の建築には井波の彫刻作品が欠かせないとされています。

55年前、私が日経の富山担当をしていた時に、初めて井波町を訪れ、山里の閑静な街のたたずまい、彫刻一筋に打ち込む人たちの生き様に魅せられました。以後3年間、毎月1

度は仕事で井波町に行きながら、街が醸し出す芸術的な雰囲気を味わったものです。

静かな井波町を歩いていると、どこからともなくリズミカルな槌音が聞こえてきます。この井波町の木彫りの音は環境省の「日本の音風景１００選」に選ばれ、彫刻家たちの作業風景が今では観光名所となっており、国内外の芸術愛好家たちがこの町を訪れています。

井波町の彫刻師たちの働く姿に魅せられる人が多いということは、自分の専門の技を身に付け、その仕事に生き甲斐を感じているプロの生き方に共感を覚える人が多ことを物語っています。

井波町に惚れた私は富山県担当の仕事を終えた時、井波町の思い出として小型の獅子頭を購入しました。

その獅子頭は、今も私の部屋の守り神として大切に飾っています。その獅子頭を見る度に、井波の町で働く彫刻師の姿を想い出し、自分の仕事に人生を賭けることは人生の喜びなのだとの思いを強くしています。

20
渡部昇一氏が私に残してくれたもの

上智大学名誉教授で評論家として活躍した渡部昇一氏は2017年4月17日に86歳で逝去されました。私は渡部氏の隠れファンの一人でしたから、その訃報に接した時、惜しい人を失くしたと残念に思ったものです。

私の本棚には「渡部昇一コーナー」があります。その中で最も古い氏の著書は1977（昭和52）年刊行の『人間らしさの構造』（講談社学術文庫に収められている）ですが、この本は私が日経を退社するまでの2年間、幾度も読み返しました。

この本で渡部氏は、心のうずきが自己実現の第一歩であり、社会の安逸な動きに流されず、正しい教えに則った生き方を歩むことの大切さを訴えています。日経の20年間で身に付けたサラリーマン的な生き方と決別し、自分なりの独自の道を歩んで行こうと決意できたのもこの本のお蔭でした。以来、私は渡部昇一氏のファンとして氏の著作を愛読してきました。

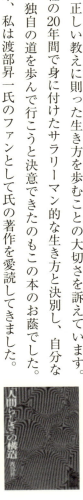

私が独立して最初に著した本は『乞食哲学』（産能大出版部）でしたが、その頃、同出版部から発刊されていたジョセフ・マーフィー氏の本がどれもロングセラーズになっていたこともあり、私もその中の1冊『眠りながら成功する』を購読しました。その時に同出版部の担当者から知らされて驚いたのが、先にも触れた通り、この本の翻訳者・大島淳一氏は渡部昇一氏の仮名であるとのことでした。このことは渡部氏が後年公表されたことで多くの人が知ることになりましたが、当時は関係者しか知らなかったのです。

この事実を知ったことで、私は渡部氏の考え方の根底にはマーフィーの法則があることを悟ったのです。氏は『マーフィーの100の成功法則』（産能大出版部）の冒頭でこう述べています。

「私がマーフィー博士の著書を初めて知ったのは、ロンドンに留学中にふと通りかかった本屋で『あなたは金持ちになれる』の原本を手にした時でした。1～2ページ立ち読みした時の感激を忘れられません。そしてイギリス滞在中に5、6回読んだと思います。そして私が長いこと探し求め、漠然と予知していたものが、宇宙の真理であると確信するにいたりました。私はライプニッツ以降のドイツ哲学に深い関心がありましたが、それが志向するところは、つまり宇宙全体を精神としてみるところであると思います。この意志と表象として

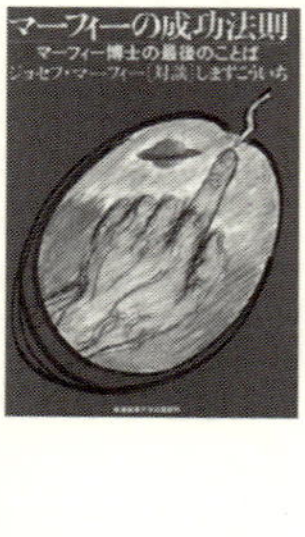

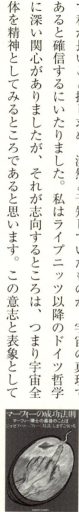

の宇宙と、フロイト、ユング以降の潜在意識と結びついた時、はじめて実践可能な哲学的世界観が生ずるのではないか、と言う見通しを持ち始めた時に、マーフィー博士の著書に触れたわけです」

渡部氏は、マーフィーの法則は人間の心的態度を磨くことに関する最も実践的なものだったことを知ったのです。そして博士の著作に出会ったことを喜び、氏自らがその法則の実践者になったのです。

そして氏は同書の中で「私の今日あるのは、生まれつきの知能によるのでなく、一にかかって私の『心的態度』にあったと思うのです」とも述べています。

こうした指摘をする人は、渡部氏以外の日本の学者や評論家では見あたりません。その証拠に、あれだけロングセラーを続けているデール・カーネギーの著作を学問的に評価している人は、私の知る限り渡部氏しか知りません。

私も「心構え」（心的態度）については、デール・カーネギー教室やポール・マイヤーのＳＭＩプログラムやボブ・コンクリンのＡＩＡプログラムで学んできたこともあって、この渡部氏の意見に共鳴し、以後、渡部氏の著作を愛読することになったのです。

第3章

事業経営に関する提言

21 日本主義思想による経営

サブプライムローンに端を発したアメリカの金融破綻は、今なお世界経済に負の遺産を残しています。道徳（モラル）よりも儲けを最優先させてきた近年のアメリカ先導の利益至上主義ビジネスの在り方が、今、大きな危機に直面しつつあるからです。

名著『代表的日本人』（岩波文庫）の著者である思想家・内村鑑三は亡くなる4年前の1926（大正15）年、66歳の時、「成功の秘訣十か条」を遺していますが、その添え書きに「すべての高貴な事業の成功の秘訣は少しも異なるところは無い。すなわち成功をいそがぬことである。成功しようとしてあせらないことである。成否はこれ天に任せ、おのれは日々なすべきことを正直に誠実に実行することである」と述べ、十か条の第4項は次のような言葉で綴られています。

「成功本位の米国主義にならうべからず、誠実本位の日本式にのっとるべし」

内村鑑三が言う日本主義の代表的なものが、二宮尊徳（『代表的日本人』の中で著者の内村鑑三が最も敬愛した人物）が提唱した報徳思想の経営法です。報徳思想とは尊徳が説く経済と道徳の融和を目指し、コツコツと努力を重ねていく「積小為大」のロングランの経営思想のことです。

この思想を実践するには、上下左右の意志が伝わりやすい小さな組織ほどいいのです。その証拠に現在でも報徳思想を実践しているのは、そのほとんどが中小企業です。

その代表的な一例が、世界一の寒天メーカー・伊那食品工業㈱です。同社は1958年創業以来、今日までの61年間、増収増益を記録し、その間、社員の給与は毎年ベースアップし、社員のリストラはまったく行われていません。現在700余名の社員を擁していますが、毎年の社員採用試験には入社希望者が全国から殺到するという超優良企業です。

この会社の社是は「いい会社をつくりましょう―たくましく　そして　やさしく―」です。「いい会社ですね」と世間から言われる会社になるように、労使が一致して至誠・勤労・分度・推譲の報徳思想を実践し、無理をしないで着実に成長していくという経営を志向しているのです。

同社の塚越寛会長の座右の銘は、二宮尊徳の次の言葉です。

遠くをはかる者は富み、近くをはかる者は貧す。
それ遠きをはかる者は百年のために杉苗を植う。
まして春まきて秋実る物においてや。故に富有り。
近くをはかる者は春植えて秋実るをも尚遠しとして植えず
唯眼前の利に迷うてまかずして取り
植えずして刈り取る事のみ眼につく。故に貧窮す。

この尊徳の言葉にあるように、私たちも、目先の利益に走るアメリカの短期利益主義にとらわれず、ロングランの長期の繁栄を目指すべきです。
そのためには中小企業の存在を高く評価し、誠実本位の日本主義を大切にしていきたいものです。
「スモール　イズ　ビューティフル」の時代が必ず到来することを信じて、誠実に正直に、世のため人のために懸命に生きることを志向していくのが本当の人生だと本気で考えるべきです。

22 稲盛経営に学ぶ

今、稲盛和夫氏（京セラ創業者・日本航空名誉会長）が主導するいわゆる「稲盛経営」が世界的に大きな注目を浴びています。その証拠に、毎年、日本能率協会が行う全国の新任役員向けの調査で「理想の経営者」の第1位に選ばれるのは稲盛和夫氏です。

稲盛氏が注目を浴びた最大の理由は、経営破綻し、再起不能と言われていた巨大企業の日本航空をわずか2年でV字回復させ、全世界を驚かせた見事な稲盛氏の経営手腕です。

稲盛経営とは、アメリカ流の利益至上主義・株主至上主義のカネ至上の経営とは逆を行くもので、「社員の物心両面の幸福を追求すると同時に、人類・社会の進歩発展に貢献すること」という経営理念を実現する社会的使命を図ることに主眼が置かれています。

まずココロの面では、会社を発展させるためには、従業員全員が心を一つにして同じ方向に向かう必要があり、そのための心のあり方を氏は「フィロソフィ」（哲学）として設定し、

経営理念を実現させるための行動基準を提示しているのです（京セラの場合は78項目）

次にカネの面では、事業を細分化し、複数の小集団（アメーバ）を作り、それぞれの集団が独立採算で運営し「売上最大、経費最小」を目標とする「アメーバ経営」のあり方を実践することです。

このアメーバ経営の特長は、売上さえ伸ばせばいいという薄利多売に陥りがちな傾向を阻止し、製造部門も営業部門も採算を重視し、従業員全員が売り上げと経費の双方の数字に責任を持つ手法です。

具体的には、売り上げと経費の差である付加価値（利益）を総労働時間で割った「1時間当たりの採算」という指標で仕事の効率を計るのです。

日本航空の場合、それまではエリート集団が一方的に経営方針を決め、それを従業員に指示してきました。しかし稲盛氏がトップとなり、従業員も経営参画意識と採算意識を抱き始めると、「この会社は自分たちの努力次第で、良くも悪くもなる」ことに気付き始め、次第に従業員が自発的にモチベーションを高めていきました。それが奇跡的とも言える急速な業績回復になっていったのです。これは稲盛経営のメリットが結実した代表的な事例です。

このように稲盛経営は稲盛氏の独自の発想から生まれたものですが、この発想の根底には京セラフィロソフィの43項目目の「人生・仕事の結果＝考え方×熱意×能力」の方程式があるのです。

稲盛氏は、この人生方程式について次のように説明しています。

「能力と熱意はそれぞれ零点から百点まであり、これが積で掛かるので、能力を鼻にかけ努力を怠った人よりは、自分には普通の能力しかないと思って誰よりも努力した人のほうが、はるかに素晴らしい結果を遺すことになります。これに考え方が掛かります。考え方とは生きる姿勢でありマイナス百点からプラス百点まであります。考え方次第で人生や仕事の結果は百八十度変わってくるのです。

そこで能力や熱意とともに、人間として正しい考え方をもつことが何よりも大切になるのです」（『京セラフィロソフィ』３３０ページ　サンマーク出版）

この最後の一文が、方程式の最も重要な部分です。それは私が強調してきた心構え（心的態度）を指しています。この稲盛氏の言葉は人生の行方を左右する決め手であると考えられます。

23

ユダヤ商法の原点に学ぶ

1995（平成7）年に著した拙著『人生が開ける！成功する超ヒント』（こう書房）は小規模企業経営者の間でよく読まれました。この本は小規模経営者のために書いたものですが、中にユダヤ人の成功の秘密をこう紹介しています。

「歴史上、ユダヤ民族は他の民族から多くの迫害を受けた。そのマイナスの状況をくぐり抜けていくには、とにかく人より余計に働いて、迫害する人の気持ちを和らげるしかなかった。〈あの人は、よく働くなぁ〉と他人が感心するほど社会的に役立つ仕事をしていると、次第にその人を支持する人々が増えてくる。この支持してくれる人々を創り出していくことが、ビジネス上の最大の目標である顧客の創造になるのである。

ユダヤ人がビジネスで成功するのは、この顧客創造が他の民族よりもうまいのである。

私たち日本人は、学校でビジネス（商売）とは何か、どうすれば商

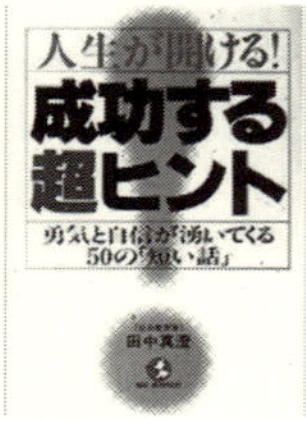

売はうまくいくのかについて、ほとんど学ぶ機会がない。したがって、ビジネスの決め手は顧客の創造であることを、そして、顧客を感動させる「顧客感動」が顧客の創造につながることを知らないのである。利他性（思いやり）をこうした面から考えることが、今の私たちには必要である」

組織の中で労働基準法に守られながら生きるサラリーマンと違って、独立独歩の自営業主は労働基準法の適用外にあります。この状態をサラリーマンはマイナスに受け止めますが、これをプラスに受け止めて、独立人は労働基準法に関係なく、自由に長時間労働ができる特典を与えられていると考えるべきなのです。

ユダヤ人はそのことを知っていたのです。働いて働いて働き抜くことに徹して、ビジネスを成功させていったのです。

このユダヤ商法の原点を、私たちは心の奥底で認識しておくことが大切です。

昨今は、『社員ゼロ！会社は1人で経営しなさい』（明日香出版社）など、小さな会社肯定論の本が読まれていますが、組織を小さくすればすべてが好転するのではなく、ユダヤ商法と同じく長時間労働に徹することを厭わない精神が前提になっているのです。

一方、サラリーマン社会では、目下、働き方改革が進行中ですが、心ある事業主はこの改革に批判的であることを忘れてはなりません。これからのサラリーマンは定年後に個人事業主（フリーランサー）になる人生が待っていることを視野に入れると、短時間労働を良しとする労働観のまま事業主になっても、決して成功を手にすることはできないと肝に銘じておくことが肝要です。

アメリカの起業家で10年以上続いている人を調べたところ、共通する要因が２つあったそうです。ひとつは、最初の５年間は年中無休、ふたつは、最初の10年間の１日平均労働時間は14時間。まさに長時間労働に徹していたのです。

『ユダヤ５０００年の教え』（実業之日本社）によれば、ユダヤ人の聖典と言われている『タルムード』（ユダヤ民族５０００年にわたる生活規範の集大成されたもの）の中に「『0から１へ』の距離は、『１から１０００へ』に距離より大きい」という言葉があり、偉大な商人は0から1をつくるには忍耐力が必要であることを知っており、当初、辛抱強く倹約に徹して1を作るべきであるとしています。

これこそが事業を創める者が心得なければならない基本中の基本です。

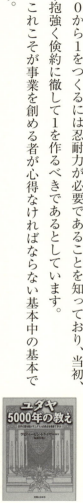

24 個人事業主は長時間労働で勝負する覚悟を

「23　ユダヤ商法の原点に学ぶ」で触れたように、事業（商売）では立ち上がりの10年間を辛抱強く生き残れるかが勝負です。その間は商売一筋に全時間を仕事に賭ける意気込みと覚悟が必要です。「長時間労働に勝る商法なし」の言葉通り、寝ても覚めても商売商売、寝言にも商売商売の状況に自分を追い込むほどの長時間労働が創業時には求められます。

成功した創業者の自伝には、その様子が異口同音に記されています。

昨今は、サラリーマンから特定の会社・団体に属さず、自らの専門力を活かす個人事業主、いわゆるフリーランサー（自由業）に転じる人が増えており、そうしたフリーランサーの仕事先を斡旋するエージェントも増えています。

職種はシステムエンジニアのようなＩＴ関連のものが大半ですが、パソコンを使用しての仕事ですから、どこに住んでいても仕事ができるのが特長です。

こうしたサラリーマンから転身した独立事業主は、どうしてもサラリーマン的な発想から抜け出せない人がいて、長時間労働や休日労働を否定的に受け止めてしまい、クライアントの要望に応えられない人もいて、仕事を失うケースも多いようです。

私はフリーランサーの集まりであるエージェント主催のセミナーに出講した場合、必ず訴えるのは事業主としての覚悟です。

事業主は労働基準法が適用されないことをプラスの特典と考え、休日労働も長時間労働も大歓迎し、とにかく10年間は仕事一筋に徹することが最も大切であると強調するのです。ところが若いエンジニアの間には、私の提言を素直に受け入れようとしない人も見受けます。そういう人は長時間労働＝悪という考え方が身に付いているようです。

特に最近の政府が推進している働き改革の政策の影響で、長時間労働をマイナスに受け止める世論が多くなっています。

この傾向に疑問を投じているのが作家の向谷匡史氏です。氏は2018（平成30）年1月9日付産経新聞の「iRONNA」欄でこう述べています。

「『働き方改革』は喫緊の課題として大いに進めるべきである。（中略）だが、『長時間＝悪』という一律的、短絡的な考え方に、私は反対である。ことにジャーナリズムにおいて労働

時間を長短で線引きすることは不可能だ。取材の途中で『あっ、時間だ』とUターンしていたのでは仕事にならない。（中略）

現代社会は多様化の時代だ。性的マイノリティの存在を認め、『みんなちがって、みんないい』という金子みすずの詩を引きながら、『働き方改革』となると、『みんな同じでみんないい』という大合唱になる。多様性が叫ばれる一方、なぜ『労働時間』だけが一律に長短で議論がなされるのか。なぜ『みんなちがって、みんないい』という発想にならないのか。0か1かというデジタル時代が、物事の価値観を画一化しているように私には思えてならない」

この向谷氏の提言に私も同感です。今年、私への年賀状に、某事業主は「働き方改革は亡国の政策です」と書いてきましたが、確かに国民誰もが長時間労働は悪いという発想を抱くようになれば、これは危険なことです。

長時間労働をよしとしないで、懸命に働くことを止めてしまったら、中小零細企業主は大企業と伍して争うことができなくなるからです。

25

「商売はお客様の数で決まる」は事業の鉄則

「商売はお客様の数で決まる」は事業の鉄則です。したがってトップから末端の一従業員まで、このことを心に留め、顧客創造につながるように努力することが本来の姿です。ところが、顧客創造の重要性や自分の仕事が顧客創造につながっていることを認識している人は、サラリーマンの間では少数派です。

その証拠に、自分が手にする給与が顧客の懐から出ているととらえているサラリーマンは意外にも少ないからです。

新入社員教育で、講師が「あなたの給与は誰からでているか」の質問をした時に、「お客様から」と正解できる新人はまずいません。これは今の学校教育では、企業が顧客の支持で成り立っていることについて全く触れてこなかったことを意味します。

それは日本の歴史と関係があります。かつての日本では昭和30年代までずっと物不足の時代が続きました。物不足の時代は物を作る側が強い立場にあります。したがって、農業とか鉱工業とか物を作り出す側の人間が、物を買う側の人間よりも社会的には有利な立場にありました。

１９４１（昭和16）年日本が大東亜戦争に突入してから１９５１（昭和26）年サンフランシスコ講和条約が締結され日本が独立するまでの10年間は、国民は物不足経済社会の下で、辛い立場に立たされました。それは私の小学校から中学校までの時代でしたから、その辛さを良く記憶しています。

そう考えると、日本では徳川時代までは物作りの階層が、できた物を売る商人よりも上位にあった結果、士農工商の階級制度が長く続いたのは、やむを得ないことでした。

明治維新によって士農工商の階層はなくなり四民平等の制度が法律上は実施されましたが、日本人の意識には、歴史的に長く続いたこの階級意識が、今になっても人々の心の隅に残存しています。「官は民より強い」とか「大きいことはいいこと」とか「生産者（大手メーカー）が、消費者よりも強い」とする官や大企業への信仰が人々の間で根強いのはそのためです。

また実際に日本では今でも官僚や大メーカー出身者のほうが社会的に大きな影響力を持っています。経団連の会長は全て大メーカーか大銀行の出身者で占められている事実が、それを物語っています。

しかし今日のように物余りの時代が続くようになると、次第に物を売る側よりも物を使う側の発言力が強くなってきています。つまり顧客側の反発を買えば、大メーカーといえども、その存続が危うくなる時代になったのです。不祥事を起こした企業のその後は、厳しい状態が続いているのはそのためです。

逆に顧客側に支持され続けている企業は、その規模・場所・歴史に関係なく、繁栄が約束されるようになりました。ですから、良い顧客を創造し、顧客からの支持を得ることが事業繁栄の原則であると、心ある経営者や従業員は理解するようになりました。

この40年間、元旦以外は年中無休の営業を続けている熊本市の「レストラン花の木」は、ネット上で自社の宣伝は一切していませんが、顧客がSNSを通じてこの店の存在を人々に知らせていることから、いつの間にか食通の人々の間ではその存在が知られるようになり、今では全国から顧客が訪れる店になっています。

お客様第一の姿勢で、家族だけで年中無休のサービスを続けているこの店に対して、顧客は温かい関心を寄せ続けているのです。

26
顧客満足から顧客感動へサービスの軸足は移っている

マーケティング関係者の間で「顧客満足から顧客感動へ」の言葉が交わされるようになってから、かなりの年月が経過しました。その間、多くの企業ではサービス現場で顧客満足のための研修やそのためのマニュアル作成が行われてきました。

具体的には、顧客との良好なコミュニケーションのとり方、現場のクリーンネス（整理・整頓・清掃・清潔の４Ｓ）の実施、良質な商品提供と適正価格の表示、販売後のアフターサービスの推進、などのきめ細かな顧客への対応を通して、顧客満足の向上が推進されています。

その結果として、日本企業の顧客サービスのレベルは、先進諸国のそれと比較して遜色がない、いやむしろ非常に優れているとさえ言われるまでになってきています。

しかし顧客満足度の高いサービスを提供し続けても、優良顧客（ロイヤルカストマー）

の中には、それだけでは心理的に満たされない人々も出てきています。つまり真の顧客は、売り手との間においてもっと温かな心の交流を求めているのだと思います。

これはマニュアル上のロジカル（理性的）なサービスを超えて、顧客の心に触れるエモーショナル（感性的）なサービスへと、サービスに対する質的な変化が起きていることを示しているのです。

そうだとすれば、サービスの現場では今後、スモールビジネスでは欠かせない顧客を厚遇する際の「弱者の戦略」が重要視されることになります。

弱者が強者に勝つ戦略を「弱者の戦略」と称しますが、サービスを提供する側には次の戦略が求められます。

①　徳性を磨く生活習慣を身に付け、人間性で勝負する。
②　長時間営業に徹し、顧客のあらゆるニーズに対応する。
③　他社との差別化を図り、独自のサービスを開発する。
④　一点集中の方針の下、オンリーワンの分野を掘り下げる。
⑤　サービスを提供する範囲を限定し、広域戦を避ける。
⑥　できるだけ顧客に接近し、人間関係で勝負する。

このように今後は弱者の戦略を駆使し、顧客に感動を与えることのできるサービスを心掛ける時代がきたとの認識を強く持ち続けると同時に、そのことによって中小零細企業に新たなビジネスチャンスが到来してきたと受け止めるべきです。

埼玉県さいたま市見沼区東大宮の新日本ビルサービス㈱は顧客満足から顧客感動へとサービスの質向上に懸命に取り組んでいる企業です。主要業務であるテナントのビル清掃には第一線で働くパートタイマーを「さわやか社員」と命名して会社を支えるパートナーと位置づけています。

そして、さわやか社員教育を充実し、定年制度を廃止して元気に働ける間はいつまでも生き甲斐をもって働いてほしいと、最高年齢84歳の人もいきいきと働いているという高齢者優遇制度を設けています。

同社は、常に前向きで明るい雰囲気の職場環境を醸成していることで、クライアントの評価は抜群に高く、1993（平成5）年に70名からスタートしたさわやか社員は現在では1700名を超え、なお毎年増加中です。

顧客感動のサービスをクライアントに提供することで、顧客数は、口コミで急増しています。顧客感動のサービスが企業の最大のPRであることを、この事例は示しています。

27 営業マンのCS（顧客満足）度のランキング

昨今は多くの消費財の販路がインターネットやテレビに代替されつつあります。かつて生命保険・損害保険・健康補助食品・化粧品などの販売は、セールスマンの家庭訪問でなされたものです。それが最近ではネット通販やテレビ通販でもなされるようになりました。

しかし高額の詳しい説明が求められる商品の販売では、営業マンの販売力で決まる確率が高いのは昔も今も変わりません。その際の決め手は営業マンの顧客感動力です。顧客感動とは顧客の期待を超えた顧客第一のサービスの姿勢に顧客の心が動き、販売が促進されることです。

そこには単なる商品の授受だけでなく、売り手と買い手の関係を超えた心の交流が感じられることが大きな条件となります。

CSの研究が進んでいるアメリカで、経営者が参考にしている次に掲げる5段階評価（最低が１・最高が５）のＣＳ評価のランキングがあります。その評価基準がユニークなことから、日本でも参考にされています。

①　顧客が求めていることを無視したり、きちんと対応しない。
※筆者注：これは売ったら後は知らないという、よくあるケース。この段階のセールスが今も多く存在しています。

②　顧客の求めていることだけに対応する。
※筆者注：これが今の一般的なケースです。全体の８割前後が、このランクです。

③　顧客の求めていることに応えた上で、更に＋αのことをする。
※筆者注：顧客の期待を少し超えたサービス。このランクになると、ぐっと少なくなります。

④　普段から顧客を回り顧客のニーズを引き出し、先回りして対応する。
※筆者注：ここまでくれば顧客満足度が高いと評価されますが、実際に行っているは、ごくわずかです。

⑤　担当者の自宅電話番号を教え、24時間体制で顧客に対応する。
※筆者注：これが最高のホスピタリティ精神を発揮しているサービス体制ですが、ここまで顧客第一に徹している人や会社は非常に少ないと思います。

私は40年前から、上記の「5」のCSを紹介しており、「お客様、何かございましたら、いつでもご連絡ください。即時対応のサービスをさせていただきます」と言えるような営業をしようと提言してきました。

その当時、私の提言を素直に受け止め、自分の営業活動で年中無休・24時間対応のサービスを思いきってスタートした人や商店・会社は、みんな顧客から歓迎され、事業で成功しています。

とにかく顧客の期待を超えるサービスをしていれば、必ずそれを高く評価してくれる顧客に出会うものです。誠心誠意、顧客のニーズに懸命に応えていけば、その行為を認めて支援してくれる良客（ロイヤルカストマー）との縁に恵まれるものです。「徳は孤ならず、必ず隣あり」の言葉はセールス活動にも当てはまるものです。

セールス業務においては、まず相手の状況に対応することを一番に考え、自分の都合はその後にするという自己犠牲の精神、ホスピタリティの精神を発揮することが、顧客感動のサービスにつながるのです。

28
再び自助の時代の到来を見すえて

幕末、幕府の学問の最高機関であった昌平黌《しょうへいこう》学問所の教授・中村正直（１８３２〜１８９１）は、１８６６年幕府のイギリス留学生12名の監督として渡英しましたが、明治維新による幕府崩壊により、１８６８年に帰国しました。

その際に手に入れたイギリスの作家サミエル・スマイルズ（１８１２〜１８９１）が著した『Self-Help』（自助の意）を翻訳して、１８７１（明治４）年、『西国立志編』の書名で発刊しました。

この本は、イギリスで金も地位もない人間が他人に頼らず、独力で勤勉・忍耐・倹約を武器に人生を切り開いていった事例を綴ったもので、明治維新の殖産興業を担う人々を鼓舞するものでした。

明治5年のわが国の人口が３４８０万人の時に、この本は１００万部も売れたのですから、今ならば４０００万部近い大ベストセラーに

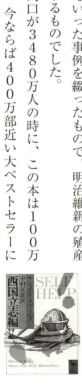

なったことを意味します。

どうしてそんな現象が起きたのでしょう。その答えは、明治3年に明治政府が行った階層別人口統計に出ています。その統計では、維新直後のわが国の人口の内訳は、旧武士階級6・41%、平民（農工商の合計）90・62%、その他（神官・僧尼など）2・97%となっています。

この数字は、旧武士以外の約93%の日本人は、昔から独立自営の人生を歩むことが運命づけられていたことを示しています。したがって、国民の大半が自助に関心を寄せたのは当然だったのです。

ところが現在の日本では、働く人の88・6%が広義のサラリーマンです。これまでのサラリーマンは定年まで勤めれば定年後は余生を送るという人生を全うできました。ですから独立自営の人生とは無縁であり、事業主として生きることなど考えませんでした。

このことに関して、著述家の星野智幸氏は2016（平成28）年2月21日付日経朝刊で、自由業を営む者は年中無休で働く職業倫理を個人的な基準で作らなければならないことに戸惑ったという趣旨の寄稿をしていますが、確かに星野氏のようにサラリーマンから独立して自営の人生を歩むとなれば、誰もが組織を頼れない自営業主の立場に戸惑うものです。

明治維新という新しい時代を前にして、自営業主である国民が『西国立志編』に飛びつき、イギリスで独立独歩の人生で成功した人々の事例に学ぼうとした気持ちがよく分かります。

現在のサラリーマンも人生100年の時代を前にして、定年後の長い老後をどう生きるべきかを戸惑うようになりました。しかも政府はそのうち年金の支給開始の年齢をアメリカ・イギリス・ドイツ並みに70歳前後まで引き上げるかも知れないとの報道に接すれば、年金に頼ることなく自助の人生を真剣に考える人が増えていくのは当然と言うものです。

そこで定年前から、個人事業主として活動できる準備はできるだけ早い段階からしておきたいものです。

2004年度の中小企業庁の調べでは、個人事業主の廃業率は、1年目で37・7%、3年目で62・4%、10年目で88・4%であるとしています。独立しても10年で1割強しか生き残れないという厳しい現実があるのです。

この厳しさを乗り越えるには、事業主としての心的態度をしっかり身に付けることです。快楽志向のサラリーマン的精神から勤勉志向のオーナー志向の精神を自分のものにする準備をすることです。そのためにも自助力で生き続けている諸先輩を学ぶ姿勢が求められます。

29

「損得より善悪」の倫理観をベースにした生き方を

このところ企業はもちろん大学でも不祥事が続いています。その主要な要因は、組織の長であるトップの理念喪失にあります。経営トップが人間としての正しい倫理観・企業の経営理念を忘れ、売上第一主義に陥ってしまうと、それが組織構成員の倫理観を弱体化させ、ひいては業績悪化につながっていくことになります。

つまり事の善悪よりも損得を優先する思想が蔓延すると、社員も会社もいつのまにか取り返しのつかない状況に追い込まれていくのです。

その顕著な事例が東芝の衰退です。かつて東芝は日立と並ぶ日本を代表する優良企業でした。ところが経営陣の短期的な利益第一主義が禍して、海外事業・国内事業共々に組織内で長い間にわたり会計の不正が日常化し、それに気付いた時には巨額損失を生じさせており、東芝の体力を削ぎ、企業の存亡が問われるまでになっているのです。

一方、日立は1910（明治43）年の創業以来、創業者の小平浪平氏の「損得より善悪」を理念として掲げ、それを実践してきました。現に2019年1月7日、日立の東原敏昭社長は年頭の挨拶の中で次のように述べています。

「日立グループにおいては、製品やシステムに対する品質の信頼が何よりも重要で、企業として、『基本と正道』『誠』の精神のなかの『損得より善悪』の姿勢・意識を徹底しています。私たちの仕事の優先順位は、S（Safety: 安全）〉Q（Quality: 品質）〉D（Delivery: 納期）〉C（Cost コスト）であり、安全と品質が最も優先されるべきです」

このようにトップが「損得より善悪」の根本思想を絶えず抱いていれば、組織内で損得第一主義が横行することはないのです。ところが昨今は、この根本思想を軽視し、善悪よりも損得を優先する価値観が国民の間でさえも当たり前になりつつあります。その結果、先般の文科省の高級官僚が我が息子を医科大学に不正入学させるために行われたような事件が処々方々で起きているのです。

どうしてこのような社会現象が多発しているのでしょうか。その最大の原因は、戦後の日本人は正しい倫理観である「善悪の価値観」よりも「損得の価値観」で生きる企業・団体の中で生活する度合いが増えているからです。

幕末から明治初期に日本を訪れた欧米の知識人たちは異口同音に「日本人は質素な生活をしているにもかかわらず、他人のものを盗むことよりも、辛抱強く懸命に働くことに熱心である」と、驚きの感想を日本滞在記に書き残しています。生活が貧しければ他人のものを盗むのが当たり前」と信じてきた彼らは、善悪の正しい判断基準を持つ日本人生き方に感銘しているのです。

ところが戦後、日本はアメリカ占領軍の統治を受け、欧米人の損得の価値観を日々浴びるようになり、いつの間にか日本人も善悪よりも損得を優先する価値観に侵されてきています。

しかしどんなに時代が進展しても世の中の底に流れる正しい倫理観は不変です。そのことは東西の文化圏でも同じです。一時的に善悪を無視して他人に迷惑をかけながら得を手にしても、その不正は長い間には明らかになり、本人の後半の人生を狂わすことになるのです。

聖徳太子の十七条憲法の第六条に「懲悪勧善。古之良典（悪を懲らしめ善をすすめるのは古くからのよいしきたりである）と明記されているように、勧善懲悪は永遠に変わらない基本原理なのです。

30 富山の薬売りの秘法「七楽の教え」を生き方の基本に

私は過去40年間、講演の中で数々の金言を紹介してきましたが、その中で聴講者の皆様が最も活用してくださっているのは、越中富山の薬売りの商売繁盛を支える「七楽の教え」です。楽をしないで商売一筋に打ち込む生き方を示唆した次の教訓です。

「楽すれば　楽が邪魔して楽ならず、楽せぬ楽がはるか楽楽」

この言葉が聴講者の胸に響くのは、自分が楽をしていることに反省を迫られるからだと思うのです。

そもそも富山の薬売りの起源は、1690（元禄3）年に富山藩の第二代藩主・前田正甫《まさとし》が、江戸城内で腹痛に苦しんでいた三春藩主（現在の福島県三春町～郡山市の隣町）に対し、富山藩で開発した反魂丹《はんごんたん》を服用させたところ、見事に治まったことで、諸国大名が富山売薬の行商を懇願したのがきっかけとなったと言われています。

以来330年間、富山の売薬は全国津々浦々に普及し、今も多くの家庭で愛用されています。

富山の売薬の商法は「先用後利」という独特のもので、前もって顧客に薬箱を預け、その後、定期的に訪問して使った薬の代金だけを集金するという仕組みになっているのです。この仕組みは前田正甫の訓示「用を先にして利を後にし、医療の仁恵に浴びせざる寒村僻地にまで広く救療の志を貫通せよ」がベースになっており、そのシステムが今日まで脈々と受け継がれてきているのです。

このシステムが長く続いている背景には、富山県人の類まれなる忍耐力を挙げなければなりません。四季を通じて全国各地の僻地まで黙々と顧客を訪問し続けるという仕事を何十年も反復して行くことは、楽をしたいと考える人にとってはとても耐えられません。

しかし富山県人は、楽をしないで仕事に従事することをむしろ楽しむようにと、勤勉第一を心掛けてきたのです。その精神が冒頭の「七楽の教え」に綴られているのです。

その長年の勤勉性が、富山県に数々の日本一の記録をもたらしています。例えば「勤労所得収入」「持家率」「自宅の住宅延べ面積」「道路整備率」「人口10万人当たりの公立図書館」などの指標では全国ナンバーワンです。

残念ながら今の日本人の多くは、勤勉志向を捨てて快楽志向を良しとしています。「勤勉」という言葉が人々の口にのぼることが少なくなっています。そのために人々の間で「楽をしたい」「苦労はいや」「リスクは負いたくない」というマイナス思考が蔓延しています。

この傾向が日本の起業発生率を先進諸国中最下位に押し下げ、最近の国民の閉塞感の元になっていると考えられます。

勤勉な国民性が乏しくなれば、当然のこととしてその国の勢いは喪失していくことは歴史が証明しています。古くはローマ帝国の衰亡も、近年ではかつては7つの海を支配した大英帝国の衰退も、すべて国民の勤勉性の欠如にあるのです。

この傾向を防ぐには、「七楽の教え」を活かす人々が増えることであり、国家もまたその方向に国民を誘導すべきです。

働くことを良しとしない国民が増えれば、国家の財政は困窮し、赤字国家に転落して行きます。定年後、年金だけに頼る高齢者が増えれば、これからますます長くなる老後を迎える高齢者の生活を全て支える力を国は持っていません。高齢者就業が求められる所以はここにあるのです。

31 ノマドワーカーの出現に思う

「ノマド」(nomad)とは英語で「遊牧民」という意味ですが、そこから転じて遊牧民のように何にもとらわれずに自由に働く人たちのことをノマドワーカーと言い、この表現が目立つようになりました。

これまでも自由な働き方をするという職業として「フリーター」「フリージェンシー」「インディペンデントコントラクター」「起業家」「個業主」などと称する言葉があったにもかかわらず、「ノマド」の言葉がマスコミに登場してきたのは、働く場が国内に限らず国境を超えてグローバルビジネスに携わる人が増えてきていることと関係があります。

フランスの経済学者・思想家のジャック・アタリは著書『いま、目の前で起きていることの意味について』(早川書房)で、「いまでは、生まれた国以外で暮らす人々の数は、1億5000万人にのぼる。通信手段の進歩と自由の拡大から考えて、30年後には、母国以外で暮ら

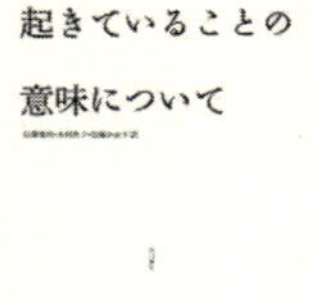

す人々は少なくとも15億人になっているだろう」と述べています。

また、彼は著書『21世紀の歴史』（作品社）で「ノマド」には次の3種類があるとしています。

○　ハイパーノマド（超ノマド）＝グローバルビジネスマンやグローバル起業家、アーティスト・建築家など、世界のどこからでも金を稼ぐことができる人々。

○　下層ノマド＝生き延びるために職を求めて世界を転々と渡り歩く人々。難民的ノマドとも言えよう。

○　ヴァーチャルノマド＝国内に定住しながらも、ハイパーノマドにあこがれ、ネットの世界でノマドワーカーとなる人々。

現在の日本では、このヴァーチャルノマドが徐々に増えています。例えば、自宅に居ながらインターネット経由で画像作成やデータ入力などの仕事を請け負う人たちがそうです。

その請負仕事を不特定多数の人たちに斡旋するクラウドソーシングと呼ぶサービスを提供する会社も増えています。

その一つであるランサーズ（鎌倉市）では、仲介している仕事の6割は東京都内から発注されているのに対して、その仕事を請け負う人

たちの6割が都外の在住者なのです。

この事例からも分かるように、就職の機会の少ない地方で職を得るには、インターネットを活用したノマドを目指すことも視野に入れておくべきです。現にIT系人材の育成に力を入れている島根県では、定住者のノマドが増えています。

一方で、ノマドの活躍は世界的に広まっており、日本もIT（情報技術）関連の人材不足で、海外のIT技術者を活用する動きがますます活発になってきています。ただしIT人材の平均年収は世界的に高額化しており、日本が海外からIT技術者を招く場合は、別枠の賃金制度を設けなければ、一流の人材を確保できない状況下にあります。

優秀なIT関連のノマドを求めるには、そうした経営上の特別の計らいをしなければならず、経営層にとっては頭の痛い問題になってきています。

第4章　教育に関する提言

32

幸福感における「自己決定」の重み

国連は7年前から1人当たりGDP・健康に生きられる年数・社会の自由度などを数値化し、世界各国の「幸福度」のランキングを発表していますが、2019年度の日本は前年より4つ順位を下げて58位でした。この日本のランキングを下げている要因を明らかにしているのが、2018年9月に発表された日本人2万人を調査した神戸大学システムイノベーションセンターの西村和雄特命教授と同志社大学の経済学研究科の八木匡教授による「幸福感と自己決定~日本における実証研究」のレポートです。

この調査で、幸福感に与える影響力を比較したところ、健康、人間関係に次ぐ要因として、所得や学歴よりも「自己決定」が強い影響力を与えることが分かりました。

私たちは日常の生活を通じて自己責任で意思決定をしなければならない場面にたびたび遭遇しますが、その時に自分の裁量で自由に決める「自己決定」ができる人ほど幸福感が強く、それは所得や学歴よりも強いことがこの調査で判明したのです。

「人生の選択の自由」が低いとみなされている日本社会では、したがって自己決定度の高い人ほど幸福度が高いということになれば、これから人生を選ぶ若い人にとっては、大いに注目されることになりましょう。

この調査結果を読みながら、私は、一般的に事業主のほうがサラリーマンよりも幸福度が強いことを思い起こしました。私自身を例にとれば、サラリーマンから独立事業主なって最初に感じたことは、自己決定で人生を歩めることによって、それだけ自由さを謳歌でき、その感覚はまさしく幸福そのものでした。それは生活に対する経済的不安感よりもずっと大きいものでした。

それまでの私は常に組織内の一員として組織が決めたルールの中で行動することが約束され、自分勝手な振る舞いはご法度でした。そのために本来の自分の気持ちと違うことであっても、やむなく決断をしなければならないことが少なくありませんでした。その場合は精神的にストレスを感じたものです。

2023年の月への飛行計画参加の応募に最初に手を挙げたZOZOの社長・前澤勇作氏は、高校選択では都内有数の進学校に入学するものの、千葉県から通学する電車の中でサラリーマンの生気のない表情から自己決定を欠く生き様を見抜き、自ら積極的に自己決定していける新たな創業に挑戦して行くオーナーの道を選んだのです。

前澤氏のように起業家として成功した人に共通しているのは、自己決定力の旺盛さです。それに反比例して、サラリーマンは勤め先の規則に縛られ、朝の出勤時刻から退社時刻まで決まりの中で生活しています。その束縛観が人生の幸福感を低めているのだと思います。

ロンドン大学の疫学研究によれば、裁量権のあるトップは裁量権のない一般社員と比べて死亡率が4分の1であり、これは喫煙率・高血圧などの寿命に影響のあるリスク因子を全て加味しても変わらなかったそうです。

幸福度でも健康を維持する上でも「自己決定」がいかに大きな要素になっているのか、この機会に改めて認識し直し、自己決定の場面を日々の生活の中で増やしていきたいものです。

33
非認知能力（心構え・生きる力）の重要性について

　アメリカでは、２００２年に制定された（No Child Left Behind Act）「どの子も置き去りにしない法」が施行されてから、教育政策が大きく変わってきています。この法律には「科学的な根拠に基づく」という言葉が１１１回も用いられているように、どういう教育が成功する子どもを育てるのかという科学的根拠を示すことが、教育政策を実施するに当たって求められるようになったのです。

　そこで各自治体や教育委員会は自ら教育政策の効果を科学的に検証し、その結果を全体の政策に及ぼすという「科学的根拠に基づく教育政策」（エビデンスペーストポリシー）が行われるようになりました。そして、この政策が浸透することによって、これまではっきり効果測定ができなかった教育にも、科学的な根拠が示されるようになってきているのです。

ＩＱや学力テストで測定される「認知能力」に対して、意欲・忍耐力・自制心・状況把握力・社会適応力・創造性・性格的な特性（協調性・誠実・好奇心など）は、これまで計測できない「非認知能力」とされてきました。しかしアメリカでは、心理学的手法で、これら非認知能力が次第に数値化されるようになりつつあります。

そのことによって非認知能力は、認知能力の形成を支えると同時に、学校を卒業した後も成功に導く重要な能力であることが科学的に明確になってきたのです。

例えば、学校時代に勉強一辺倒でなく、生徒会やクラブ活動やボランティアを通じて、自制心・やり抜く力・まじめ・躾・先生との関係がいい・計画性がある・などの非認知能力を身に付けた人物は、長い間に社会で成功していることが実証されてきています。

日本の子を持つ親たちは、受験戦争を勝ち抜くために認知能力を高めるのに必死なため、非認知能力が長い人生で計り知れないほどの力を発揮することを評価していませんし、非認知能力に対しては、未だに無関心です。

しかし今後、非認知能力の重要性が科学的に次々と証明されるようになれば、認知能力だけを追い求めてきたことの間違いに気が付かざるを得なくなるでしょう。

残念ながら、日本ではアメリカのように教育効果を科学的に測定する考え方も仕組みも乏しいのが現状です。それだけに私たちは従来の考え方に固執することなく、こうしたアメリカで試みられている新しい教育に注目し、非認知能力を身に付けることの重要性に気付き、そのための新しい生き方を学んでいく必要があります。

その事例の一つが、２００４（平成16）年以来、わが国でもロングセラーを続けている「全米最優秀教師賞」を授与されたロン・クラーク氏の著書『あたりまえだけど、とても大切なこと～子どものためのルールブック』（草思社）で示されてる50のルールを学ぶことです。

そこに紹介されている50のルールを活用することで、学習や行動に問題を抱える底辺校から優秀児を輩出し、目覚ましい成果を挙げた数々の実例に接して、非認知能力を高める教育に関心を持ちたいものです。

そのルールはみんな当たり前の生活習慣ばかりです。しかしそれを日々実践することで子どもはもちろん大人も人生を好転できることを、今や私たちは誰からも教えられていないのです。だからこそ非認知能力の重要性に早く気付き、それを身に付ける生活をしていく必要があるのです。

34

未就学児に対する父母の良き習慣付けは最高の教育

ソニーの創業者・井深大氏は晩年、幼児開発協会（現在の公益財団法人ソニー教育財団）を設立し幼児教育に情熱を注ぎ、その成果をまとめて『幼稚園では遅すぎる』（サンマーク出版）が1971（昭和46）年に刊行されるや、日本だけでなく世界的に大きな反響を巻き起こしました。その後も井深氏は次々と著書を出し、中でも『0歳〜教育の最適時期』（ごま書房）や『あと半分の教育〜心を置き去りにした日本人へ〜』（ごま書房）、『父親の価値はどこで決まるか〜子供とのつきあい方・育て方・伸ばし方〜』（大和出版）は1970年代の親たちによく読まれました。

しかし今の若い親たちはそのことをほとんど知りません。彼らがまだ生まれていなかった時代ですから致し方のないことです。したがって現在の若い両親は当然ながら幼児教育の重要性に対する認識を持っ

ていません。

その結果、幼児教育は保育園や幼稚園に任せておけばいいのだという考え方が世に定着しつつあります。それは大変な間違いであり、未就学期における家庭教育が人生で最も重要なことは、古今東西、変わらぬ原理原則なのです。

世界で最も優秀な民族はユダヤ人だと言われています。その人口はわずか約1500万人です。全世界人口75億人の2％にすぎませんが、例えばノーベル賞受賞者の20％強がユダヤ人です。本来なら人口比率計算すれば2％でいいはずのものが、実際には10倍の数字になっています。ユダヤ人の優秀性を示す証拠と言えましょう。

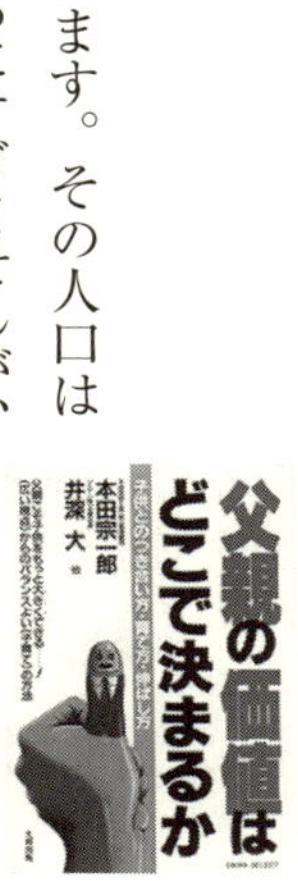

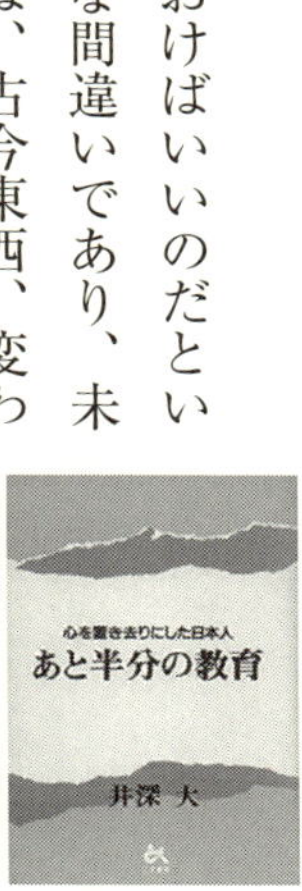

ではなぜユダヤ人はそんなに優秀なのでしょうか。その原因は、彼らの生活習慣の中に、日々『聖書』と『タルムード』（ユダヤ民族5000年の歴史の中で培われた生活規範の厖大な集大成書）を家族で読み、かつ実践し続けている現実があるからです。

残念ながら日本は戦後の占領政策で従来の家族制度が崩壊させられ、長い歴史の中で築かれた家庭での数々の良き生活習慣が時の流れと共に忘れ去られつつあります。

40年前、私が社会教育家としてスタートし、生きる上で最も大切なことは家庭で良き生活習慣を実践していくことであると訴えた時は、聴講者の間で大きな反響があり、家庭でも学校でも良き習慣の実践が行われたものです。

ところが団塊の世代の子どもたちが親になる年代（２０００年代）から、私の訴えに対する反響は芳しくなくなりました。そのころから良き習慣が良き心構えを形成することへの認識が消えていきつつあるのです。

それを証明するように、教育の現場を預かる教師たちは、親から良き生活習慣の教育を受けなかった子どもたちが年々激増していることに、大きな危惧を抱いています。

なぜなら働く母親のために保育園の増設が目下進められていますが、このことは同時に家庭における未就学児教育の低下を意味します。家庭で両親から良き習慣を躾けられなかった児童が増えていけば、それだけ国民の心的態度能力が劣化していく恐れがあるからです。

国家の根本は家庭です。その家庭での子供教育の見直しが、今や喫緊の課題になってきているのです。

35 読みやすく発音しやすい名前の人ほど得をする

オーストラリア・メルボルン大学のサイモン・ラーハム教授は「読みやすく発音しやすいシンプルな名前の人ほど、昇進の機会や友人に恵まれる」という研究結果を発表しています。

また、ニューヨーク大学ビジネススクールのアダム・オルター氏も、アメリカの弁護士５００名を対象に行った調査で「難しい名前よりも読みやすくシンプルな名前のほうが早く昇進する」と結論付け、「人々は、名前が相手の判断に与える微妙な影響に気付いていない」と述べています。

学生に人気があり、入社試験がとても厳しい優良企業では、名前がＤＱＮ（ドキュン）ネームやキラキラネームと言われる判読が難しい名前の学生は書類審査で落とされてしまうケースが多いようです。

確かに、葵碧《びゅぺ》、桔綾《きあら》、黄熊《ぷう》、光宇《ぴかちゅう》などの読みにくい名前に接すると、人事担当者や面接担当の役員・部長クラスの人にしてみれば、名前を読まされる人の立場を考えず、親の好みや勝手な自己中心の考えで付けたような名前の持ち主に、好感を抱くことはないでしょう。

また、ＤＱＮネームの学生は、幼稚園から大学まで自分の名前で苦労したのでしょうか、書類審査を通っても、面接時の声が小さく、自信のなさが感じられると言います。それでは面接試験で良い結果を手にするのは無理と言うものです。

ある上場企業の人事担当者の話では「一流大学の学生にはＤＱＮネームが少なく、高校卒の採用枠での応募者に多い」と語っています。

また学校や塾の教師の話では、ＤＱＮ・キラキラネームの子どもたちは、そうでない子どもたちよりも成績が良くない傾向があると同時に、その両親たちもまたモンスターペアレンツが多いと言います。

そのことは、世界共通のようで、社会的地位の低い家庭の子ほど変わった名前が多い現状があるようです。

この動きに対して常識ある親たちは「親権者が個人的な好みの基に恣意的に命名するのは避けるべきで、子供に将来を考え、社会に出たら周りの人々から好感を抱いてもらえるような、読みやすく、発音しやすく、シンプルな名前にすべき」との見解を持っています。

清少納言の『枕草子』、鴨長明の『方丈記』と共に日本の三大随筆の一つと評されている鎌倉時代末期の吉田兼好の『徒然草』の第１１６段に「人の名も、目慣れぬ文字を付かんとする、益なき事なり。何事も、珍しき事を求め、異説を好むは、浅才の人の必ずある事なりとぞ」（人の名前を付ける時、見慣れない文字を用いるのはいいことではない。なんでも珍しい事や変わった説を好むのは、浅はかな人のやることである）と説いています。

このように７００年前から、常識はずれの変わった名前を付けることは、浅薄な人のやることとされてきました。どんな時代においても、命名は当たり前の常識の範囲内で為すことが、一つの世渡りの上手な人と相場は決まっているのです。

判読が難しい名前をつける両親は、個性的な名前を子に付けることで子どもに喜ばれると勘違いしています。変な名前を付けられた本人は、名前のことで周りからいじめられたり、笑われたりすることで、人間関係をこじらせていくのです、正々堂々と生き続けるためにも、誰でも読める当たり前の名前を付けることが生きるコツでもあるのです。

36

スマホの功罪の〝罪〟についてもっと強い危機感を

スマートフォン（スマホ）が日本で急速に普及し始めたのは２０１１年頃からです。それからわずか10年足らずで、高齢者を除いて大人の９割が保有するまでになっています。今や小学生で３～４割、中学生で６～７割、高校生以上はもう殆どが持っています。

その結果、スマホで操作する機器が公共機関をはじめ、多くの消費市場で活用されるようになり、利便性の面で大きな進歩をとげており、スマホなしでは生活できない人々が増えてきています。それだけスマホは便利な社会を生み出したことになります。しかし反面で、私たちは大きな問題と直面せざるを得ない状況に追い込まれています。スマホの普及を目論むメーカーはその問題を明らかにすることに消極的ですが、私たち利用者はスマホの功罪の「功」だけでなく「罪」についても目を向け、スマホによる弊害を受けないように日頃から心掛けていくべきです。

その弊害とは、スマホを長時間使うことで、スマホ依存症ともいうべき病的な事態が今世界的に広がってきていることです。

英国のエセックス大学とユニバーシティ・カレッジ・ロンドン（ＵＣＬ）の研究者は、1万名以上の14歳を対象としたアンケート調査を実施した結果、女性のほうが男性よりＳＮＳ依存度が高いことが分かったのです。１日に３時間以上ＳＮＳを利用する比率は、女性で40％、男性で20％でした。ＳＮＳを全く見ないという女性の比率は４％で、男性は10％でした。

そしてＳＮＳの利用時間が長いほど鬱病的傾向が高まることが判明し、その割合はライトユーザーで12％　ヘビーユーザーで38％でした。さらに研究者は「長時間スマホを使っていると、ネットいじめや睡眠不足を招き、自己承認の低下にもつながる」と指摘しています。

日本では、東北大学の川島隆太教授（加齢医学研究所所長）が２０１９年４月号の『文藝春秋』で、スマホ依存の弊害について詳しく報告しています。それによると、アメリカのサンディエゴ州立大学の調査では、友人と直接向き合うかわりに、スマホやタブレット端末などに長時間を費やす中・高校生の間で、うつや孤独感、不眠症、自殺者が急増しているという報告をしているようです。

さらに川島教授は、東北大学と仙台教育委員会が2010年以来、共同で行ってきた「学習意欲の科学的研究に関するプロジェクト」の調査で、スマホを長時間使うことが勉強時間の長短や睡眠時間の長短に関係なく学力低下の直接の原因になっていることが判明したと述べています。

同教授は先の『文芸春秋』誌上で次のように警告しています。

「私が訴えたいのは、とにかく乳幼児から小学生、中学生くらいまでの時期は、スマホを使用してほしくないということです。

スマホの長時間使用、極端なマルチタスキングによる影響は、子どもの脳の発達にブレーキをかけます。

スマホははっきり言ってしまえば、〈人をサルにする道具〉です。これほど恐ろしいことはありません。（中略）

発達期の子どもたちが脳を使う機会がどんどん奪われることになります。前頭前野を使う use it の機会が減り、lose it が進んだ子どもたちは、将来どうなるのか。そのことに私たちは真剣に向き合わなければならないときが来ていると、私は考えています」

37
便りまめの人間を目指そう

東洋哲学者・森信三氏は1992（平成4）年に亡くなりましたが、氏への評価は、死後27年経った今、ますます高まっています。それは氏が遺した数々の言葉が、これからどう生きるべきかに迷っている私たちに、具体的な生き方を示唆してくれているからです。

例えば「人間にとって最も意義深い生活は、各自がそれぞれ分に応じて報恩と奉仕の生活に入ることによって開かれる」とし、さらに「縁なき人の書物を数十ページ読むのが大事か、それとも手紙の返事を書くほうが大事か――このいずれかによって、人間が分かるといえよう」「手紙の返事はその場で片づけるが賢明。丁寧に――と考えて遅れるよりも、むしろ拙速を可とせむ」の言葉につなげています。

良好な人間関係を築くには、相手からの連絡や贈り物には、すぐに返事やお礼の便りを出すようにと説いているのです。

このことが理解できている人は、とにかく便りまめです。2018（平成30）年2月に

76歳で亡くなられた故西中務氏は多くのクライアントに恵まれた、まさしく売れっ子の弁護士さんでした。

氏が所属されていた勉強会に招かれた私は、氏の筆まめなご対応につくづく感服させられたものです。顧客不足に悩む弁護士が多い中にあって、なぜ氏は大勢の顧客を抱えて商売繁盛を続けてこられたのか、その秘密はこの筆まめにあったのです。

氏は「出会った人を味方にする」を信条にしていました。ですから、出会った人やご縁のある方々には、いつもはがきを出しておられ、私も拙著を出版するたびに心のこもったお便りをいただきましたし、大阪市で私の講演会開催の情報を入手なさると、すぐに慰労のお便りが届きました。

氏が便りを出す基準は次の5つだと言っておられました。

① 病気か事故で入院した人には励ましを。
② 喪中の挨拶状に対して悲しみを分かち合う。
③ 結婚・退職・独立・転居などの場合、励ましを。
④ 知人がマスコミで取り上げられたら、見たよと。
⑤ 著作物など贈られてきたら、すぐ読んで感想を。

このように相手の状況に応じて、すばやく便りを出す人は、豊かな人脈に恵まれ、仕事も人生も好転して行くのです。

西中氏は弁護士活動50年の経験を基に、亡くなる3年前に『ベテラン弁護士の「争わない生き方」が道を拓く』（ぱる出版）を著され、その中でこう述べておられます。

「不満やグチの多い人、相手のせいにする人は、あたりまえのことができていない人が多いようです。たとえば、『人と出会ったら、相手より先に挨拶する』とか、『呼び掛けにはすぐに、ハイと返事する』のあたりまえのことをしっかりやっている人は、人に騙されにくいのです。つまり、あたりまえを積み重ねると、運もよくなり、トラブルに巻き込まれにくくなるのです」

長い間、弁護士として争いの解決に当たってきた経験の持ち主の言葉だけに、とても説得力があります。

西中氏自身、年賀状と暑中見舞いをあわせると毎年2万枚出しておられたそうですし、依頼主はのべ1万人を超えていたようです。それだけ多くの人間関係を良好に保ってこられたのは、普段から当たり前のことを、命懸けでやってこられたからです。

38

組織内不正多発の背景を考える

日本では殆どの組織（官公庁・会社・団体）では、正職員を採用する場合、終身雇用を前提とした年次主義（年功序列）という雇用文化が伝統的に息づいています。そのために体育会系的な組織文化を好む企業・団体が多いのです。

日本では、どの組織も「和」を尊重することを第一としており、異を唱える人物は警戒されたり、時には排除されたりすることになるのです。

１９９０年代初頭に起きたバブル不況によって、大企業でさえも中高年層の大幅なリストラが断行されたことや、労働組合の活動が弱体化したこともあり、人々は組織内のいろいろな事象に対して声を立てなくなりました。その結果、組織内不正を見ても見ぬふりをするケースが増えてきています。

つまり不正行為を批判し阻止する力がどの組織にも衰弱化しているのです。東芝の不正会計・東洋ゴムの免震ゴムデータ改竄《かいざん》・三菱自動車の燃費不正・オリンパスの不正粉飾などなど、きりがないほどここ数年、有力企業の組織不正が多発しています。

そもそも組織不正が起きる要因は何なのでしょうか。それについて、不正には３つのパターンがあると２０１７（平成29）年12月22日付けの日経産業新聞は次のように報じています。

「１つ目は、断ればどうなるかわからないために経営者の不正に服従する場合。２つ目は、売上高や生産効率などの目標達成に向けて経営者から強いプレッシャーがかかったとき、『経営者がこうしてほしいと思っているに違いない』『会社のためだ』と思い込む忖度（そんたく）による不正だ。３つ目は、出世競争の中で自己の業績アピールや保身のために行う独善的な個人不正があるといえよう」

この組織不正の要因を見る限り、それを防ぐ最大の決め手は経営のトップが握っていることは明確です。社内でノルマ達成のための強いプレッシャーが担当者にかかっているとすれば、その心的負担を軽減する対応はトップしかできません。

市場の競合が激しくなり、とても販売目標を達成が無理となれば、それを担当社員や取引先に転嫁させるのでなく、担当者に自分の責任で目標を修正できる権限を持たせるべきです。

それをいったん決めた目標だから何が何でもやらなければならないという悲壮な気持ち

を関係者に持たせないようにするのが、トップの役割であり、それがトップの社会的責任です。それを社内の他の人間に責任を転ずるものではありません。

日本では1970年代から「企業の社会的責任」（CSR）という言葉が流行るようになりました。その意味するところが企業の社会的貢献や慈善事業のように考えられたため、企業収益の後の活動のように受け止められています。しかしそれは誤解であり、本来の企業の社会的責任とは、利益を挙げて税金を納めることが最大の社会的貢献であり、併せて「従業員を幸せにする」「法令順守」「良質の商品・サービスの提供」「環境保護」など世のため人のために尽すことに努めることなのです。

組織のトップが、そうした社会的責任を本気で担って経営に当たることが、組織不正を防ぐ大きな力になるのです。そのことをトップの座にある人間は、日々、拳拳服膺《けんけんふくよう》し、組織内不正の撲滅に力を注ぐべきです。

39 良い習慣を徹底的に身に付けさせる教育の実践を

政府は知的障碍者の雇用を促進させるために２０１３（平成25）年４月に「障害者の雇用の促進に関する法律」を改正し、障碍者の雇用率を高める努力をしていることもあり、その雇用率は年々延びており、２０１０年は約26％であったが、今や35％前後になってきています。

一方、知的障碍者を支援する特別支援学校（旧養護学校）は、小学部・中学部・高等部があり、高等部の卒業生は福祉施設か一般企業に就職を希望しているため、学校側は彼らの就職を促進させる努力を重ねています。それでも卒業生の半数を就職させることに苦労しているようです。

ところが、高等部卒業生を１００％就職させることに成功している学校があります。それは福岡県筑後市の筑後特別支援学校で、この8年間、連続して全員就職という快挙を遂げています。

その最大の要因は、同校の学生たちの挨拶の習慣が採用企業から絶賛を浴びるほど素晴らしいからなのです。

同校は、かつて卒業生採用企業の経営者たちから次のように言われてきました。

「スキルよりもまず態度と心構えが大切。毎朝、早目に出勤し、誰に対しても自分から先に笑顔で元気な挨拶ができ、感謝の言葉が言える人なら、我が社は採用します。彼らがまずは周りの人たちに好かれることが第一です。仕事の能力は時間をかければ何とかなります。ですから学校では挨拶教育に力を入れてほしい」と。

そこで同校では、高等部の3年生を「進路モーニングトレーニング社」という仮想会社の社員ということにして、毎朝、始業前の10分間を使って、挨拶訓練を徹底的に実施することにしました。

まず全員で次の「社訓」と「スローガン」を大きな声で唱和することにしました。

〈社訓〉

あ：明るい挨拶。

い：いつもハイのいい返事。

う：ウキウキ・ドキドキ仕事をがんばる。

え：笑顔・笑顔のスーパースマイル。

お：お礼の感謝の気持ち。

〈スローガン〉　元気のいい挨拶日本一を目指す！

さらに教師の指導で、就職先のあらゆる場面を想定しての挨拶訓練を毎朝、1年間、繰り返し実践していきました。

この訓練で挨拶の習慣を身に付けた卒業生は、就職先で歓迎され、職場の諸先輩に可愛がられて指導を受けることができるようになりました。その結果、早々と仕事の技量を身に付け、いちはやく職場の戦力となり、企業側から喜ばれ、各企業から求人指定校に選ばれたのです。

この事例からも分かるように、就職に際しては、まず職場の人間関係を良好に築くことが大切であり、それができれば職場の人々と仲良くなり、コミュニティの一員として迎え入れられるのです。

このことは古今東西、変わらない人間社会で生きていくための鉄則です。故・渡部昇一氏は著書『渋沢栄一』（致知出版社）の中で、心の善悪よりも行為の善悪のほうが判別しやすいことから、行動を見て、その人を信用していく傾向があるという渋沢の言葉を紹介しています。そのことは「生き様が人を動かす」という言葉が示している通り、まず態度が問われるのですから、態度を正すことが先決なのです。

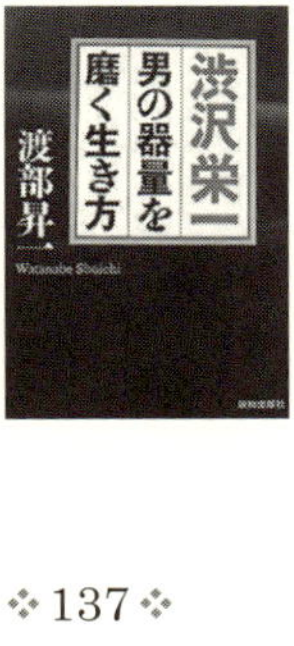

40

「人間到る処青山あり」の心意気が失せつつある昨今

幕末の尊王攘夷派の僧・釈月性《しゃくげっしょう》（西郷隆盛が共に入水した月照とは別人）は「人間到る処青山有り」で知られる「将東題壁」（まさに東遊せんとして壁に題す）という漢詩を遺していますが、その名句は次の通りです。

男児立志出郷関（男児 志《こころざし》を立てて郷関《きょうかん》を出《い》ず）

学若無成死不還（学若《がくもし》成《な》る無《な》くんば死すとも還《かえ》らず）

埋骨豈惟墳墓地（骨を埋《うず》むる豈惟《あにただ》墳墓の地のみならんや）

人間到処有青山（人間《じんかん》到《いた》る処《ところ》青山《せいざん》有《あり》）

この句の意訳は「男子はいったん志を立てて故郷を出たからには、学業の成就をみなければ、いかなることがあっても、故郷に帰るものではない。この世はどこにでも自分の墓となる青く美しい山はあるのだから」となります。

この最後の「人間いたるところ青山あり」は、昭和30年代までの日本の男性ならば、幾度も耳にした言葉です。特に戦前は当時の植民地であった台湾・満州・朝鮮や南米・米国西海岸に移民として渡った人は、この言葉を胸に任地に向かったと言われています。

つまり当時の日本人は国内の地では不況で就職できないことから、未知の土地に命懸けで自分の生きる場所を求めていったのです。それだけ戦前の日本は経済的に余裕のない国だったと言えましょう。

ところが1970（昭和45）年頃から、日本人は経済的に恵まれるようになりました。戦時中から戦後の貧しい時代を経験した私のような戦前生まれの人間には信じられないような時代になったのです。それと共に若い世代を中心に、海外雄飛を夢見る人が徐々に少なくなってきています。

かつてサラリーマンにとって新聞社の海外特派員や商社の駐在員になることは憧れでしたが、昨今はその人気がなくなってきています。学者も大学に職を得た後は、研究を深めるために先進諸国に留学することが次のステップでしたが、このところその数は年々減少し、それに代わって中国・韓国・台湾などの海外研究者が増えています。かつて日本からの留学者でにぎわった欧米の学都には、そうした日本の近隣諸国からの大勢の研究者で占められている姿が目につきます。

ユネスコの統計によると、日本の海外留学者数は、ピークであった２００４（平成16）年に８万２９４５人であったのが、２０１０（平成22）年には５万８０６０人と６年間で３割も減少しています。この減少傾向がさらに続いていけば、経済的なバブル経済崩壊で「失われた20年」といわれている経済的打撃を上回るほどの人材枯渇という打撃が、今後のわが国を襲うことになり、日本の存在感がますます薄れていきます。

この危機的状況を打破するには、政界・産業界・学界・民間団体が手を携えて、国民の志を高揚させる施策を打っていくことです。

日本の歴史を顧みると、社会の変革期の7〜8世紀には遣隋使や遣唐使、幕末から明治時代には遣欧使節や欧米への技術習得のための政府による派遣留学者、そして終戦後はフルブライト奨学金による米国留学生と、わが国の再建を目指す人材が海外に学び、国の発展に寄与したのです。

その変革期が再び訪れようとしています。「人間到る処青山あり」の心意気が今こそ求められているのです。

41

ひきこもり長期高齢化の現象に思う

２０１９（平成31）年３月29日、内閣府は「40～64歳のひきこもり」調査を初めて発表しました。それによると、自宅に半年以上閉じこもっている40～64歳の人が全国で推計61・３万人、７割が男性で、ひきこもりの期間は7年以上が半数を占めていました。

この61・３万人の数字は15～39歳の推計54・１万人を上回り、ひきこもりの高齢化・長期化が鮮明になり、全国に全体で約１００万人のひきこもりの状態の人が存在していることになります。

この事実に関係者だけでなく、多くの国民は驚き、かつ、ひきこもり問題の重大さに改めて気づかされました。

この調査では、「ひきこもりになったきっかけ」も調べていますが、その36・2％が「定年退職」、21・３％が「人間関係がうまくいかなかった」であり、共に定年後、社会との接点を失ったことによるものが約６割となっています。

このことからも分かるように、日本のサラリーマンの多くは自分の人生設計を勤め先に丸投げしてきたために、定年退職後の生き方を自分で決めきれないでいること、したがって一般社会とのつながりができていないのです。

私は仕事柄、企業の定年退職者のための「定年準備講座」にたびたび招かれましたが、そこで痛感したのは、定年が3年先あるいは5年先にやってくるにもかかわらず、その準備を自発的にしている人はほとんどいないことでした。

そういう人は、「定年後も会社が何とか面倒見てくれるであろう」と期待しており、会社にすっかり甘えている姿勢が見て取れるのです。私は「会社はみなさんの老後までお世話をする余裕はありません。だから私の話を会社はみなさんに聴かせるのです」と言っても聞く耳を持たないのです。

こうした状況を作ってきたのは、日本の会社では年功序列賃金制度で、年齢に応じた賃金を支給し、しかも老後の再就職先の面倒を見てきたことが原因になっています。

しかし大手企業は、そうした昔の温情溢れる人事政策と決別し、年々、定年退職者には厳しい対応で臨むようになってきています。このように経営者のほうは意識変革ができているのですから、定年退職者も定年後の人生については自分の責任で対処すべき時代になったと認識し、真剣に自分の生き方に向き合っていくべきです。

世界的に見て、日本の社会は全体として甘えの構造で成り立っています。まず家庭がそうです。子は親に頼りながら生きるという関係が社会人になっても続いています。ひきこもりの原因もそこにあります。

会社でも部下は上司を、上司は部下を頼る関係が未だに根強く残っています。ですから厳しい関係を互いに迫ることができないでいるのです。

最近は大学でもそうです。最終学年時、成績が振るわなくても、何とか理由を付けて学生を卒業させるのが当たり前になってきています。私たち戦中派の人間には理解できないほど、卒業時の対応が甘くなっています。

こういう社会的雰囲気の下では、国民は何事も厳しく自己管理をしていくことが苦手になっていくのは当然です。今や、戦前まで生き方の基本であった「自律自助」が死語になりつつあるのです。

この日本社会の甘えの構造を変えない限り、ひきこもりはなくならないでしょう。

第5章　健康に関する提言

42

健康寿命を支える決め手は当事者の「社会参加」

このところ「健康寿命」と「平均寿命」の違いが話題にのぼるようになりました。「平均寿命」は従来から国民の間でもよく使われてきたことから、誰でも知っているゼロ歳時の平均余命のことです。つまり生まれてから死ぬまで平均何歳まで生きるのかを示す数字です。一方、「健康寿命」は健康上の問題で日常生活が制限されることなく生活できる期間を言います。

２０００（平成12）年にＷＨＯ（世界保健機構）が「健康寿命」を提唱して以来、わが国でもいかに健康である期間を延ばすことができるかについて国民の関心は高まりつつあります。

２０１８（平成30）年度の厚生労働省の資料によれば、平均寿命と健康寿命の差は男性で８・84歳、女性で12・35歳となっています。つまり日本人は老後、平均で約10年前後、健康上の問題を抱えながら生きていることになります。

この期間をできるだけ短くし、平均寿命と健康寿命がほぼ同じであるような老後を過ごせるようにしたいものです。そのためには健康寿命を決める3つの要素である「食生活」と「運動」と「社会生活」について、もっと質量ともに充実を図るような生き方をしていく必要があります。

幸い、マスコミでは食生活と運動に関しては、連日のように具体的な対応を報じています。したがって国民の多くは、食事について何をどの程度口にすればいいのか、またどんな運動をして体の機能を維持すればいいのかについて、知る機会を持てるようになってきています。

問題は「社会参加」です。前節で取り上げたように、このところ高齢者の自宅でひきこもりが増えているようですが、この原因を一言で言えば「社会参加の意欲の欠如」と申せましょう。

老後の社会参加で最も効果的なのは、定年後も何かの仕事を続けることです。そのためには自分の好きな仕事をボランティアで行えば、社会に貢献できると同時に、それが生き甲斐のある人生につながり、いつまでも若々しく生きることができます。

人間は80歳を超えると一般的に身体的に衰えが顕著になります。

２０１６（平成28）年8月8日、82歳であられた当時の天皇陛下が「象徴としてのお務めについて」の言葉をテレビで伝えられ、退位の決意を全国民に告げられましたが、その中で「私も80を超え、体力の面などから様々な制約を覚えるようになり・・」とありました。私も陛下より3歳若いのですが、この時のお言葉が心に残り、退位を決断なされたお気持ちがよく分かりました。

それでも平成天皇は２０１９（平成31）年4月末の退位の時まで、約3年間、精力的に全国を訪ねられ、国民と親しく接する機会を持たれました。それも陛下の国民のためにとのお気持ちを強くお持ちいただいたからだと思うのです。

私は86歳のお歳まで激務をこなされた平成天皇のお姿から、社会参加の行動が人間の健康には欠かせないことを悟ることができました。ですから、高齢者はあくまでも社会参加を前提にした日々を過ごすべきだと思います。

43 健康における笑いの効用

昔から「笑は百薬の長」とか「笑に勝る良薬なし」と言われていますが、その諺通り笑う効用が最近では医療の面で応用されてきています。

笑いが医療で積極的に用いられるようになったきっかけは、１９７６年、強直性脊椎炎という難病を笑いで治したアメリカのジャーナリスト、ノーマン・カズン氏の闘病記『「５００分の１」の奇跡』（邦訳『笑と治癒力』・岩波書店）が発刊されてからと言われています。

氏は耐えられないほどの激しい痛みの中で、シュバイツァーの「笑いが痛みを和らげる」という言葉を思い出し、爆笑を誘うビデオを見て大笑いしてみたのです。その結果、２時間熟睡することができました。そこでこの方法を１週間続けたところ、次第に回復に向かい、半年後には復職できるまでになったのです。

この体験記を医学雑誌に掲載したところ、それが先の著作となり、世界的な反響を呼び起こすベストセラーになったのです。

このことが機縁となり、氏は１９７９年、カルフォルニア医科大学ロスアンゼルス校の客員教授として招かれ、笑いの医学的効用に関する研究に手を付けることになりました。

その時、「もう一度そんな大病になったら笑い治療で治療しますか」と尋ねられ、即座に「もちろん」と答えた彼は、翌年、心筋梗塞で危篤状態になり集中治療室に緊急入院しました。笑うことさえ心臓に負担がかかるとされていたため、笑うことは禁止されたのですが、彼は前言通り笑い治療を実行し、バイパス手術を受けることなく心不全を克服できたのです。

以来、笑いが医療法に導入されるようになり、さらに笑いを日常生活で活用しようとする市民運動が始まったのです。

その一つが「ラフターヨガ（笑いヨガ）」と言われるグループで笑うエクササイズです。この運動は１９９５年にインドの医師マダン・カタリアと、ヨガの熟練者である医師の夫人マヂュリー・カタリアと共に、たった5人で公園で始めたこの運動は、今や世界１００か国以上に伝染し、１万以上のクラブが定期的に活動しており、わが国でもＮＰＯ法人ラフターヨガジャパンが全国展開の活動を行っています。

こうした笑う運動に参加した人は、笑いには次のような効用があることを実践を通して学ぶと言われています。

①　笑うことは全身への血流を促し、脳血管障害、痴呆症の予防になる。

②　笑うと血液中のナチュラルキラーという免疫力が増し、がん細胞を破壊する働きを促す。

③　笑いが気分高揚を図り、併せて脳内の神経伝達物質を増加させ、それが痛みを和らげ、リュウマチなどの病気回復を促進し、またストレスが解消され、うつ状態が軽減される。

④　笑いによって心が明るくなり、コミュニケーション力が向上。仕事も家庭生活も良い方向に展開していく。

このように笑いに医学的な効用があると分かった以上、私たちは日常の生活で、積極的に笑う場面を創っていきたいものです。そのためには今よりももっと笑いのある会話を家庭で意識的に行うべきだと思います。

その点、我が家では家内が笑い上戸の傾向があり、家族の会話でよく笑い、テレビを見ながら笑うことが多いため、私もそれにつられて笑う生活に恵まれています。家庭に笑いがあると、そこに集う家族は自然に笑いの生活にひたることができ、笑いの利点を甘受し、心身共に得するものです。

44 「運動器不安定症」を防ぐ方法

「運動器不安定症」とは、身体を動かす身体器官の機能が損なわれる状態のことで、この状態を放置すれば、転倒や骨折の度合いが高まり、その結果、閉じこもり・寝たきりに追い込まれます。この病態が要介護に至る原因の第2位にランクされています（1位は脳卒中）。

かつては「運動器不安定症」は病気の範疇には入っていなかったのですが、2016（平成28）年2月に日本運動器科学会・日本整形外科学会・日本臨床整形外科学会は「運動器不安定症とは高齢化に伴って運動機能低下をきたす運動器疾患により、バランス能力および移動歩行能力の低下が生じ、閉じこもり、転倒リスクが高まった状態をいう」という新しい定義を定め、その定義に該当する病態には保険適用を認めるとし、代表的な病気の一つに指定されました。

この病態を起こす最大の要因は、骨や筋肉が減っても、それを自覚することがないために進行して行く骨粗鬆症になることです。その患者数は１１００万人を超え、関連医療費は年間２０００億円、１人あたり１５０万円以上もかかると言われており、その予防対策が急がれています。

その予防の第一は、運動器を毎日動かし、足の骨に負荷をかけて足の筋肉を強くすることとされています。したがってあまり車に頼らず、できるだけ歩くことを心掛け、少なくとも毎日30分は歩く必要があります。どうしても仕事上、自動車を手放せない場合は、早朝か夜に散歩をする習慣を確立することです。

昔から「歩くことは最高の化粧水」と言われてきたように、歩いていると身体の筋肉の70%を占めるへそから下の筋肉が動くために、筋肉を鍛えると同時に下に溜まりがちな血液を全身に回流させることができます。それによって身体の組織で新陳代謝が活発になり、若さが保持できます。いつも歩いている人が若々しい感じを周りに与えているのはそのためです。

しかも歩くことで骨量が増え、運動で骨に刺激が加わると新しい骨を作る骨芽細胞が活性化し、その一方で、カルシウムを骨から放出する破骨細胞の働きを抑えることが最近の研究で突き止められています。

かつてハーバード大学の卒業生のうち35歳から84歳の1万6932名を対象にした10年間の追跡調査によると、1週間に約1・5㎞以上歩いている人は、その半分しか歩かない人よりも、年間死亡率が21％も低いことが判明しました。

これを歩数で言えば3万歩（1歩を0・5ｍとして）、1日に換算すると4300歩、1分間120歩のテンポとして35分の歩行時間となります。毎日35分の散歩を心掛けるだけで、運動器不安定症の予防になり、長生きできる健康体を維持できることになります。

社会教育家として戦前から戦後に活躍した故常岡一郎氏（1989年没）は、「良き運命」という箴言で次のように述べています。

「良き運命に恵まれるためには、正しく疲れる必要がある。気をもむだけで身体を動かさないと変な疲れ方をする。身体を使い、気になる事はすみやかに片づけることが肝心である」

この言葉が示すように、とにかく毎日足を使い、正しい疲れを自ら起こすことです。

1979（昭和54）年5月、私は社会教育家の大先輩の常岡一郎氏の公開講演会に出席し、当時80歳の氏が情熱的に語られる講演に打たれました。

氏の情熱を支えているのは、全国を行脚し、年齢を感じさせない若々しい活動振りにあると思いました。氏のその姿こそが私の人生後半の生き方の姿であるべきだと考え、私もまたそのように行動しているのです。

45 少食のすすめ

街を歩いていると肥満体の人が増えたことを感じます。大人はもちろんですが、子どもたちにも肥満児がやたらと目につきます。それだけ私たち日本人の食生活が豊かになり、飽食の生活をしているからでしょう。

かつての日本人は少食で、しかも1日2食の生活が江戸時代の中期までは当たり前でした。1日3食の習慣が広まったのは200年ほど前の江戸後期になってからのようです。このことは欧米社会でも同様で、1日3食が定着したのはやはり200年前頃であったとされています。

したがって歴史上では1日1食か2食の少食主義を貫いた人が結構いたのです。例えば、芸術家のレオナルド・ダ・ビンチ（1452～1519）・芸術家のミケランジェロ（1475～1564）・作家のトルストイ（1825～1910）・バーナード・ショー（1856～1950）・アインシュタイン（1879～1955）などの偉人は少食主義者であり菜食主義者でした。

日本でも、茶聖といわれた千利休や徳川家康・秀忠・家光の３代に仕えた天海僧上などは少食主義者としても知られています。

江戸時代の観相家・水野南北の著書『南北相法修身録』（現代語訳・東洋書院）は、今でも人相と節食による開運法の研究をする人には必読書とされていますが、私も少食の効果を知る上でとても参考になりました。この本では少食の効果が次のように記されています。

①　それなりに恵まれた人生を送ることができ、早死にしない。特に晩年は吉となる。

②　死病の苦しみがなく、長患いもない。

③　人格は飲食の慎みによって決まる。

実はこの本を読んでから、私も少食生活をスタートさせ、朝はバナナとヨーグルト、昼食は普通に食べ、それ以後は原則として食べないという１日２食の食生活を続けています。そのおかげでしょうか、83歳の今日も体調はよく、高齢者特有の転倒による怪我もなく、未だに健常者として、講演・執筆に従事することができています。

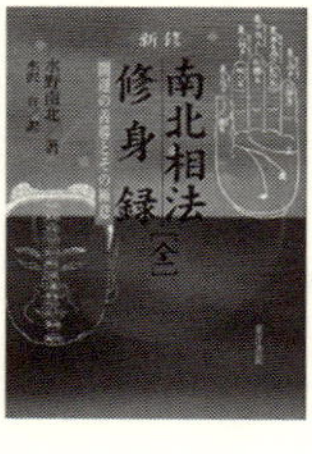

東大教授でありながら巨万の財産を築き、その多くを社会福祉のた

めに寄付したことでも知られる本多静六氏（１８６６～１９５２）は、生涯、粗衣粗食主義に徹した方ですが、著書『健康長寿の秘訣』（実業之日本社）でこう述べています。

「19世紀初期のドイツ第一の名医で人寿二百歳の主張者フーフェラントは『簡易淡白なる食物は節制及び長寿に利あり、贅沢複雑なる食物は生命をちぢむ、人もし自然の法則に従うこと多ければ、益々長生し得べく、これに背くこと多ければ、いよいよ短命なるべし、濃厚なる食物及び多量の肉食は、寿命をのばす道に反す、しかして最大長寿の実例は、少年時代より野菜を食し、かつて肉の味を知らぬ人々の中に発見せらる』といっている」

少食主義者であり、長寿を全うした本多静六氏の書き残した一文だけに、大いに参考にしたいものです。

46 脳の成長に終わりはない

人間の能力の成長には終わりはないと信じている私は、脳科学者で加藤プラチナクリニック院長の医学博士加藤俊徳《としのり》氏の著書『50歳を超えても脳が若返る生き方』（講談社α新書）を読んで、私の話が脳科学からみても間違っていないと知り、大いに勇気を得ました。

人間の脳は、日々、前向きに明るく生きて精一杯努力を重ねている限り、ボケることなく成長することが分かれば、高齢期を迎えても、今まで通りの前向きな人生を歩み続けることに、一層力が入ってきます。

加藤博士は「ボケを予防する20の行動」として次の提言をしています。

① 高血圧や糖尿病などの生活習慣病に注意。
② 睡眠障害に気を付け、午前0時前に就寝。
③ 一日の生活時間のサイクルをくずさない。
④ 毎日スケジュールを守って生活する。

⑤　食事は腹八分目を限度とする。
⑥　毎日体重計に乗り、健康意識を高める。
⑦　ビタミンＣとＤを摂取する。
⑧　酒はたしなむ程度に留める。
⑨　サンマ・イワシ・サバなどの青魚を。
⑩　痩せすぎは低栄養になるため注意。
⑪　利き手と逆の手で歯を磨く。
⑫　配偶者や周囲の人との交流を。
⑬　家事をすると同時に、足腰と手先の運動を。
⑭　下半身の筋力を維持する運動を。
⑮　１００歳まで生きることを前提に、目標を持つ。
⑯　仕事以外にスポーツや趣味の時間を持つ。
⑰　実年齢より20歳若いと思って生きる。
⑱　自分に合った独自の健康法を探す。
⑲　日々の行動を日記に書く。
⑳　朝日を眺め、自然に回帰する機会を持つ。

博士の祖父は50歳過ぎてからのほうが圧倒的に幸福な人生を送り、95歳で天寿を全うした方ですが、その祖父の生活における「8つの心得」は次の通りだったそうです。

①　食事は腹八分目を心掛け、間食はしない、肉類・乳製品・洋風料理は食べない。
②　魚・野菜・米・麺類を中心に摂取する。
③　毎日、同じ時間に起き、同じ時間に寝る。時間を守って生活。
④　人の悪口は一切いわない。怒らない。
⑤　家長としての役割を全う。体力と気力が続くまで漁に出る。
⑥　料理や野良仕事は死ぬまで止めない。
⑦　一度決めたことは、きっちり実行する。
⑧　健康に気を付ける。入浴は欠かさずタワシで全身をこすって刺激する。

こうして人生の最後までボケないで活き活き生きる具体的な生き方が分かれば、あとは自分なりの方法で実践していくことです。そうすれば高齢者にとって怖い認知症も予防できるからです。

現在、認知症患者は高齢者7人に1人の割合ですが、将来は5人に1人になるほど、これから認知症は増えていくと予測されています。状況下で正常であるためには、普段の前向きな生活習慣の実践が求められることを肝に銘じておきたいものです。

47

80年間の調査で分かった長寿で幸せな人の共通項

スタンフォード大学教授の故ルイス・ターマン博士は、1921年、カリフォルニア州各地の小学校教師に依頼してクラスの中で優秀な10歳前後の児童を推薦してもらい、その中から1528人を選び出し、彼らの性格が人生にどのような影響を与えるのかという長期の追跡調査を始めました。

博士は研究室のスタッフと共に、彼らの性格を直接に面接して調べ、以後5～10年おきに彼らの人生を再調査していったのです。

博士は途中で亡くなりましたが、その後を受けて、カリフォルニア大学のハワード・フリーマン博士のチームが調査を引き継ぎ、足掛け80年の歳月をかけてこの調査を終了させました。

2012年、調査を開始してから91年後に、このロングランの調査の結果がまとめられ、『The Longevity Project』のタイトルの本とし

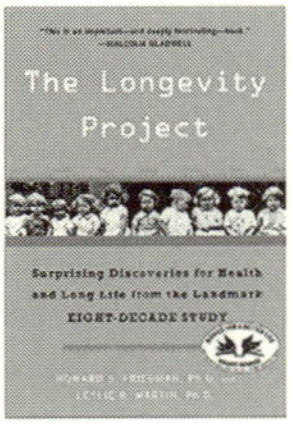

て一般に公開されました。
80年という長い年月をかけた調査は前代未聞であり、今後2度と行われることはないであろうと言われているこの貴重な調査は、私たちに意外な事実を明らかにしてくれました。

その最大の結論は、長く生きられるのは個人の性格や社会生活が密接に関係していることであったことです。

では長生きの性格はどんなものであったか、それを一言で表現すると「conscientious」（＝勤勉性）ということでした。この言葉を一般的な日本語に翻訳してみると、「真面目」「正直」「慎重」「粘り強い」「計画性」といった性格に相当するものになります。

例えば、この本に出てくるパトリシアという92歳まで生きた女性の性格は、12歳頃の調査では、両親と小学校の教師から「思慮分別があり、読書好きのどちらかと言えば控え目な少女」と評価されていました。

彼女のように幼少時から分別があり、目立ちたがり屋でもない「真面目」なタイプの人間は、成人後も堅実な生活を送っているケースが多いのです。つまり「conscientious」度が高いほど、不注意が原因でなりやすい成人病（高血圧・糖尿病など）にかかる例が少ないのです。

さらに労働と寿命についても言及しています。

仕事は、あらゆる人にとって日常生活における時間の大半を占めるものです。そのため業務上のストレスは、健康に大きく影響を及ぼすと言われてきました。仕事で神経をすり減らすよりも、田舎でのんびりした老後を送ったほうが長生きできるという考え方を持つ人はかなりいます。

ところがこの調査では、そうした常識を覆す事実が紹介されています。実は、「conscientious」以上に、長寿と密接に関係していると思われるのが、仕事上の成功なのです。社会的な評価を受け続けている人は、真面目な人よりもずっと長生きしていることが判明したのです。

幼少時期にストレスを抱え、長ずるに及んで仕事上の困難と直面しても、それを克服して成功を手に入れれば、それは長生きへのプラス材料になるのです。その例として、90歳で大往生した映画監督エドワード・ドミトリクを挙げています。つまり、生産的な社会生活を送り成功することは、長寿の獲得に密接な関係があることが指摘されているのです。

自分が始めた事業で成功した事業主は、総じて長寿であることが多いのですが、その理由はこの調査で分かった仕事上の成功にあると考えられます。

48

100年以上も商売繁盛を続ける老舗の生き方に学ぶ

健康の証明は「長寿」です。人並み以上に長く生きてこそ健康であると言えるのであって、短命で終わった人を健康な人とは解釈しないのが常識です。その人間の長寿であることの認識は、起業にも当てはまり、数年で閉業した商店・会社の経営者を成功者とは見なしません。

そのことを前提とした場合、100年以上も事業が続いている老舗に共通する経営方針は、人間の健康にも通じる生き方の基本でもあるのです。

老舗に関する情報に接すれば分かることですが、日本は世界一の老舗大国なのです。そのことを示す一つの資料があります。韓国の中央銀行である韓国銀行は、2008年5月に『日本企業の長寿要因および示唆点』という調査報告書を発表し、次のように報じています。

「世界で創業200年以上の企業は5586社（合計41か国）で、こ

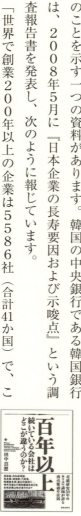

のうち半分以上の3146社が日本に集中しており、続いてドイツ837社、オランダ222社、フランス196社の順となる。

日本の場合、創業1000年以上の企業は7社、500年以上は32社、200年以上は6社、100年以上は5万社余りで、これらの長寿企業の89・4％は従業員数300人未満の中小企業だ」

日本企業がこのように長い歳月絶えることができた秘訣は、本業重視、信頼経営、透徹した職人精神、血縁を超えた後継者選び、保守的な企業運用、外国からの侵略が少なかった、職人を尊重する社会的雰囲気、などを挙げています。

この調査報告書の指摘にもあるように、老舗の特長は、①専業一筋、②取引先・顧客との良好な関係の維持、③職人尊重、④小規模経営、などが共通したものであると理解できます。

この韓国銀行の調査を待つまでもなく、わが国では昔から老舗の研究がおこなわれており、そうした研究から老舗には次の4つの特徴があるとされてきました。

① 時代の変化に対して敏感である。ただし、自社の基軸が活用できる範囲で仕事をする。

② 人を大切にする。企業力は人によって培われる技術やノウハウである。そのため

には人を育てなければならない。

③ 現場を尊重するための小集団の連邦型経営を行っている。技術や技能を伝承するにも小集団が最適である。

④ 上場しない。資金調達よりも資金の始末が重視される。自己資金を大切に使えば、外部資金に頼らなくても済む。

老舗が長年にわたって培ってきた老舗文化とも言うべきこうした伝統的な価値観と手法は、定年後に個業を立ち上げる際の貴重な秘訣になります。

２０１７年版『中小企業白書』によれば、起業の5年後の生存率の国際比較では、日本が最も高く81・7％、続いてアメリカ48・9％、その後に続くのはフランス44・5％、イギリス42・3％、ドイツ40・2％となっています。この数字が示すように日本の生存率が圧倒的に高いのは、それだけ老舗の知恵が起業家の間で浸透しているからだと思います。

と同時に、日本の社会では倒産に対する世間の目が厳しいこともあり、起業家はそのことを前提に慎重な経営を図るという姿勢が身に付いていて、周りの人々も倒産しないように配慮するのだと思います。

この伝統が人々の生き方にも通じており、それが日本の平均寿命が世界一であることにも繋がっているのではないかと考えられます。

49
「老化は足から」と言う。足の老化を防ぐ法は？

人間、80歳を超えると足が弱くなることは確実です。毎日の散歩を欠かさない私も80歳を過ぎた頃から確実に足が弱くなっていくのを感じるようになりました。下半身の筋力は全筋力の7割を占めるだけに、足の筋肉の衰えは生活力の低下につながっていくと言われています。

そもそも人間の身体は大別すると、頭部・体幹・上肢（肩から手の指先まで）・下肢（股から足の指先まで）の4部から成り立っています。50歳を過ぎると下肢の筋肉の能力の低下率は、上肢の3倍と言われ、老化は足からと言われる所以はそこにあるのです。

筋肉を構成する筋繊維でみると、その数は80歳代では20歳代に比べて半減しているそうです。この筋肉の衰えを少しでも防ぐためには、まず足の筋肉を使うウォーキングが欠かせません。1日に最低30分程度（3330歩に相当）の歩行を継続することが大切と専門家は助言しています。

しかしそれだけでは私の体験では足りないことが分かりました。歩くことに最も関わる大腿四頭筋（下肢の太腿（太もも）の部分）の筋肉を別に鍛える必要があるのです。なぜなら大腿四頭筋が弱くなると、椅子から立ち上がれないとか、転びそうになっても身体を支えられないなどの弊害がでてくるからです。

基本的に、大腿四頭筋の筋量が多い人ほど骨の強度も高く、逆に筋肉が衰えて活発に動けなくなると、骨への刺激も減り、骨粗しょう症につながり、転倒や歩行困難の危険が増すのです。

大腿四頭筋の強度を保つのがスクワットという屈伸体操です。舞台劇『放浪記』で上演2000回を超える世界的なロングランの記録を樹立した女優の故森光子さん（享年92歳）は、74歳の時から朝75回、夜75回、計150回もスクワットを行っていたのです。このスクワットを取り入れている人は、高齢になっても動作はきびきびして若さを保っています。

女優の黒柳徹子（1933〜）さんは86歳を過ぎた今日でも若々しく活躍をしていますが、実は黒柳さんは毎晩50回のスクワットをもう10年以上続けているそうです。

その他、芸能人で若さを保持している八代亜紀さんや吉永小百合さんなどもスクワットをしていることで知られています。

この体操は間違ったやり方で行うと弊害がありますから、正しい方法を本やネットで調べてから行うことです。

私は地元自治体が高齢者のために開いた「転倒防止のためのセミナー」に参加してみて、自分の脚力の衰えは大腿四頭筋が弱っていることにあると気付きました。

そこで、まずは就寝前に30回のスクワットを始めることにしました。83歳の私ですから何事も無理をしないように心がけなければなりません。そこで今は時間をかけて続けていき、その効果が出てくることを楽しみにしたいと思っています。

要は、すべての動作をゆっくりと、止めずに続けていき、筋肉が力を発揮している時間をできるだけ引き延ばして休ませないことだと心に銘じています。加えて駅の階段などで昇るのが無理な場合はエスカレーターを使うとしても、降りる場合は歩くようにしたいものです。降りる動作は、大腿四頭筋にとって比較的強い刺激になると同時に、筋肉がブレーキとして機能しているからです。

50

睡眠不足の日々は不幸を引き寄せる

私は結婚して57年になりますが、その間、病気で入院したことは一度もありません。それだけ健康で過ごしてきたことになりますが、その最大の要因は睡眠時間を削る生活を極力避けてきたことです。

早寝早起きを生活の基本として、1日最低でも7時間、平均では8時間の睡眠をしっかり守ってきました。そのおかげで、かなりストレスの多い仕事に関わってきたにもかかわらず、心身共に健康な状態を維持してきました。

一般に言われていることですが、長期的な睡眠不足には次のように少なくとも3つの弊害があります。

1つは、ストレスで心理的な負担を負うことになることです。

現代はストレス社会です。毎日の生活でストレスを受けずに過ごすことはできません。

そのストレスを軽減し、病気にならずに済むようにする一番の道はたっぷり睡眠をとることです。

一晩しっかり睡眠をとれば、身体も心もリラックスでき、ストレスの解消になります。それができないとストレスを後日に持ち越すことになり、それが病気の原因を作っていくことにもなるのです。

２つは、集中力の低下につながることです。

睡眠が不足することで物事に対する注意力が欠け、職場での作業や車の運転で思わぬ事故を起こす危険を招く恐れがあります。あるいは反射神経が劣って変化対応に遅れ、周りに迷惑をかけることにもなります。特に昨今はＩＴ機器の操作をする頻度が高まっており、ひとつのミスが大きなトラブルにつながるケースも散見されます。

３つは、長期の病気に陥るリスクを招きかねないことです。

身体が要求するだけの十分な睡眠をとらずにいると、次第に病気に発展する場合があり、しかもその発見が遅れて深刻な事態に陥る可能性があることです。睡眠不足が生活習慣病（高血圧・糖尿病・脂質異常症）につながり、それがもとで心筋梗塞・脳梗塞・狭心症などの血管に由来する病気に発展することがあります。また睡眠不足は免疫力を低下させて腎臓の濾過機能を低下させるなど、各臓器に影響を与えることにもなります。

このように睡眠をどれだけとるべきかを自覚しておかないと、短期的にも長期的にも健康に大きな結果をもたらすことになります。

十分な睡眠をとっていれば、私たちが夜眠っている間に、身体は①心臓などの重要な臓器を修復し、②体温や糖代謝などすべてを整えるホルモンを調整し、③免疫システムを今後に備えての防御機能強化を図ってくれるのです。

この体の自然治癒力は、睡眠不足が大敵です。そのことが理解できれば、いかに睡眠が健康を維持するために重要な機能であるかが理解できるはずです。

睡眠を十分にとる生活を続けてきた私は、幸いに大きな病気にかかったことがなく、この60年間、病気で悩んだ記憶はありません。それは私だけでなく、家内も2人の子どもも同様です。

我が家では何かのために徹夜をしたりして睡眠を犠牲にしたりしたことはありません。ですから睡眠不足で失敗してしまった経験は、家族の誰も未経験です。そのことを考えると、家族みんなで睡眠を重視してきたことは大正解でした。

51

夫婦円満は健全な人生を送るための基本

松下幸之助氏は「取引する上で信頼できる人物かどうかは夫婦仲を見ればわかる」と語り、代理店契約を結ぶ場合は相手が夫婦円満であることを条件としたそうです。それほど事業経営では夫婦の人間関係が最も重要な要素なのです。

いや事業経営だけではありません。一般の家庭においても夫婦仲が良ければ、それが子どもたちに好影響を与え、家庭内の親子関係もうまくいき、安定した家庭生活が維持していけるものなのです。

そうした夫婦仲のいい家庭というのは、奥さんがご主人を徹底的に立ててご主人の立場を尊重・尊敬することのできる、いわゆる「あげまん」の人であることが世間の通り相場になっています。

私は職業柄、多くの経営者夫妻と接してきましたが、確かに「あげまん」の奥様を持った経営者は例外なく事業で成功していると断言できます。

そのことはアメリカでも言えることです。１９７４年、アメリカで最も売れたフィクション部門の本はマラベル・モーガンという女性が書いた『トータル・ウーマン』（講談社文庫）という弱小出版社から出た本で、その年に50万部の売り上げ記録を作ったのです。

この本では、１９６０年代後半にアメリカで高学歴の女性たちの間で起きた「女性解放運動」とは正反対の主張が論じられています。すなわち女性は家庭でトータル・ウーマン〈完璧な女性〉に徹して、夫を心から支援する役割に立て！と保守主義の立場から論じたものです。

この主張が全米の主婦から多くの支持を集め、ベストセラーの本となったのです。

私は日経マグロウヒル社に勤務していた１９７７年、アメリカに仕事で出張した時にこの事実を知り、『トータル・ウーマン』の原書を購入しました。そして講演家として独立した時に、作者のモーガンが提言している夫婦円満の秘訣「４Aの法則」を講演の中で紹介しました。

その「４Aの法則」とは次のようなAの頭文字を付したものです。

① アクセプト（ACCEPT受ける～話を積極的に聴く・傾聴）

② アダプト（ADAPT合わせる～同意する　「なるほど！」「そう

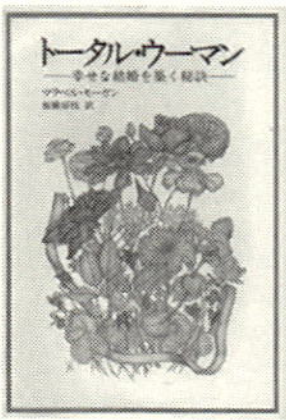

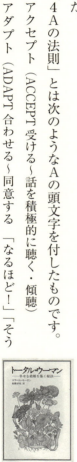

そう」）

③　アドマイヤー（ADMIRE ほめる～称賛する、心からほめる）

④　アプリシエイト（APPRECIATE 感謝する～ありがとう、感謝）

つまり、夫との対話においては「４Ａの法則」を用いて、相手の話を受け入れて同意し、心から賞賛し感謝の言葉を投げかけましょうという提案なのです。

本の作家マラベル・モーガンは、その後、夫婦円満を説くセミナーを全米に展開し、大きな話題を提供したのです。この「４Ａの法則」は、日本でも１９８０年代にはかなりあちこちで取り上げられました。私はこの４Ａの法則は夫婦の対話だけでなく、一般の人間関係でも活用できるとして、企業内のリーダーシップ研修などでも紹介し、組織内や家庭内で使うことを奨励して歩きました。

私自身も夫の立場から、できるだけ「４Ａの法則」を活用するように心がけており、お蔭で家庭内は夫婦円満はもちろん、親子の対話もスムーズにいっています。

そこでお薦めしたいのは、妻の立場が強い家庭ほどこの４Ａの法則を活用して、夫婦円満の家庭を築き直し、夫婦共々、平和な家庭生活を営みたいものです。そのためにも夫婦で「４Ａの法則」をじっくりと研究してみましょう。

第6章　高齢に関する提言

52

「東京さようなら、地方こんにちは」の時代がやってくる

各方面で「東京一極集中」が叫ばれて久しくなりますが、2年ほど前から東京マイナス論が徐々に台頭してきています。人口減少と高齢化の影響が、東京のあり方に変革を促してきているからです。

２０１７年3月20日号の『日経ビジネス』の特集「マイナス首都東京〜地方の自立が日本を救う〜」を読んだ時、東京と地方を往き来することの多い私は、大いに共感したものです。

日本はこれから深刻な労働力不足の時代を迎えます。そうなれば若い労働力が枯渇している地方は、彼らを優遇する対策を今よりもさらに積極的に展開し、若者が東京に移住することを阻止していくでしょう。そうなれば若者も雇用の条件に恵まれることになるので、何も東京に出る必要はなくなるわけです。

そして定年退職した高齢者にとっても、次第に地方に住むことが有利になりつつありま

す。人手不足に悩む地方の中小企業は、勤勉性とやる気に富む高齢者に対しては、年齢に関係なく雇用の機会を提供しつつあります。また定年後、高齢起業を目指す人にとっても地方は有利です。なぜなら、地方公共団体ほど起業の振興に熱心ですから。

これからの我が国の最大の課題は、増え続ける高齢者が後半の人生において、生き甲斐のある日々を送れる環境を整えることです。生き甲斐の構成要素は2つあります。「他者との交流」と「朝起きた時、やらねばならぬ自分の仕事があること」です。

この2つの要素を叶えるには、地方に生活の本拠を持つ人のほうに分《ぶ》があります。地方は東京よりも人の絆を築けることから、東京の高齢者のように孤独に陥ることを防ぐことができます。その結果、就労の機会を見つける場合も、起業を展開していく場合も、豊かな人縁に恵まれやすい地方のほうが、生き甲斐の面で軍配があがるというものです。

私の知人で大企業の関連会社の社長を務め、定年後は奥様の郷里に移住し、そこで1年間の農業研修を終え、その後に農業法人を設立し、耕作放棄地の撲滅を目指す事業をスタートした人がいます。

この知人は、奥様共々、地域の活性化のために若者をしのぐ希望に燃えています。私はこの知人の生き方を通して、人は志を抱き自分の仕事に打ち込むことが、高齢者にとって、どんなに大切なことであるかを、改めて痛感しています。

私が講演で度々紹介する哲学者ヒルティの『幸福論』（岩波文庫）の最後の部分に出てくる次の言葉は、地方に住むことで仕事に恵まれる人に、よりメリットがあることを示唆しています。

「最も愚かな者は、老年にならないうちから、もう老人ホームに隠遁したり、保養地で暮らしたりするが、健康さえ得られないのが普通である。健康はただ仕事によってのみ与えられる」

このヒルティの言葉は、最後まで自分の仕事を持つことが、老後の幸せを決める決定打であることを示していますし、私たち自身もそのような姿勢で老後を全うしたいものです。そのための選択の一つとして地方での就労があると思うのです。

53 「後半が勝負」のテーマ本を２冊書いた私の実感

私の著書は１００冊近くになりますが、その中で同じタイトルで書いたものが２冊あります。１冊は『人生、勝負は後半にあり！～自信を失ったときの行動学～』（ＰＨＰ研究所刊・ビジネスライブラリー）と、もう１冊は『人生の勝負は後半にあり～中高年起業のすすめ』（ぱるす出版）です。

前書は、１９８５（昭和60）年に書いたものですが、その当時は日本国中がバブル景気で湧き立っていたこともあり、たちまちビジネス書としてベストセラーになり、１９９３（平成５）年にはＰＨＰ文庫に収録されて、拙著としては珍しい10年以上も続いたロングセラーになりました。読者の中心はサラリーマンでしたが、自営業主もかなり読んでくれました。後で分かったことですが、１９９０年前後の時期は、わが国の自営業主が２００万人を超えたほど、中小企業が元気だっ

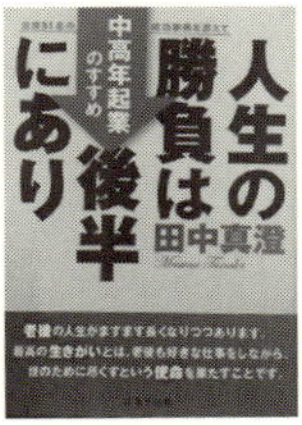

た時代でした。

それに対し後書は、前書から29年後の２０１４（平成26）年、いわゆる失われた20年と言われた経済低迷期の終焉期に当たる時期に刊行したものです。著作の売れ行きは時代の盛衰に影響を受けるもので、この拙著には後半の人生で51名の事業主（個業主も含む）の事例を紹介していることから、内容としては前書を上回ることから、かなり売れるであろうと期待しましたが、結果は前書に遠く及びませんでした。経済が低迷し続けたことで、サラリーマンのやる気は減退し、事業主も廃業を迫られて最盛時の65％にまで落ち込んだことも影響したのだと思います。


この貴重な体験から、景気の好不況は人間の心理に大きな影響を与えることを身を以て感じました。

しかしそれにしても、この同じ時期になぜ日本だけが経済的に大きく低迷したのでしょうか。それには次のような理由があると考えられます。

私が独立した当時（１９７９年）は、我が国の戦後復興を指導した創業者がみな健在でした。松下電器の松下幸之助氏・ホンダの本田宗一郎氏・リコーの市村清氏・ソニーの井深大氏と盛田昭夫氏等々そうそうたる経営者が経済界をリードしていました。

しかし、平成の時代になり、こうした体一つから立ち上がった創業者が徐々に舞台から消え、2代目のリーダーが登場することによって、創業者魂が乏しくなり、それに代わってサラリーマン魂の持ち主のサラリーマン経営者が時代の舞台に登場してきました。

サラリーマンの終着点としてのサラリーマン経営者の大多数は、転職経験も起業経験ものない人たちで、欧米のプロ経営者のような多様性に欠ける、いわゆる入社から定年まで同一企業で過ごす、いわば純粋培養型ともいえる人材です。

この人たちに共通した習性は、先輩後輩の人間関係を重んずる協調性に富み、前例を踏襲し、決して冒険をしない、大きなリスクを負わない、思いきった決断を下さないタイプの人たちです。

したがって平成に入ってからの20年間（1990〜2008）、日本の大企業の平均賃金は上昇することなく、どの企業も総じて前年同額に近い賃金のままに推移してきました。この結果が現在の日本人の平均賃金の低さにつながっているのです。

幸いにしてこの20年間の厳しい経済状況下、起業に成功したベンチャー企業の社長たちがかなり誕生してきています。

彼らは何事にも思い切った決断力と実行力に富んでいますから、これからの日本の経済を引っ張っていってくれるでしょう。そうした新しい経営者の出現に期待したいものです。

54

自分を活かす道は意外にも身近にあり

日本経済新聞の読者300万人（2018年7月の日経メディアデータによる）の85％が毎朝、楽しみにしているのが最終頁の『私の履歴書』です。この欄は1956（昭和31）年3月にスタートし、今日まで63年間続いており、その間、各界の著名人が1か月毎に登場しています。

私は『私の履歴書』の最初からのファンですから、毎朝この欄から読むことにしています。そして63年間、この欄から多くの学びを得てきました。そういう人は全国に大勢いると思います。

そうした人の中に、『私の履歴書』をずっと研究対象にしてきた人物がいます。ビジネスコンサルタントの吉田勝昭氏です。

氏は1966（昭和41）年、関西学院大学を卒業後、製薬会社の日本ケミファに入社し、営業・総務・人事・経営企画などの部門で活躍されました。その実力が認められ、37歳で取締役に選任され、以後、常務・専務と昇進し、同社の発展に大きく貢献されました。氏は社業の傍ら、若い時から『私の履歴書』を全て読破し、登場人物の手記を独自の手法で分析を重ねていかれ、ついに『私の履歴書』研究の第一人者としての存在価値を築かれたのです。

氏は定年後、２０１２（平成24）年に『ビジネスは「私の履歴書」が教えてくれた』（中央公論社）を上梓されて、続いて２０１７（平成29）年に2冊目の『人生を「私の履歴書」から学ぶ』（ＰＨＰ研究所）を、さらに２０１８年に『「私の履歴書」61年の知恵』（ＰＨＰ研究所）を刊行されて、氏による『私の履歴書』研究３部作を完成されたのです。

今やこの３部作は、全国の『私の履歴書』ファンにとって欠かすことのできない貴重な参考書であり、データ集になっています。

例えば、第３冊目の『「私の履歴書」61年の知恵』の巻末には、61年間の登場者８１９名の詳細なデータが50音順に並べ替えられ、様々な面からの分析が行われています。また興味深い側面から登場人物の人生を垣間見ることもできます。

私は終戦による外地からの引揚者の一人ですから、戦後、ゼロからやり直した引揚者方々の人生には格別の興味を持っています。

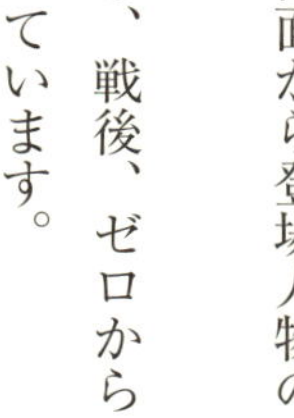

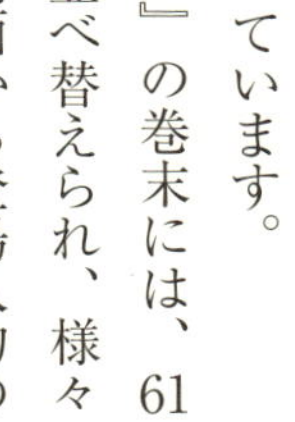

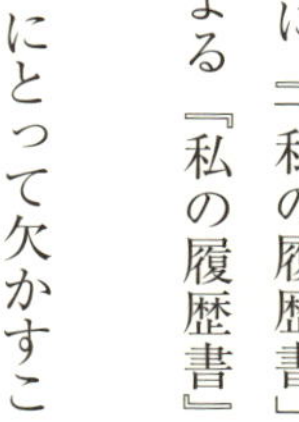

2部作目に登場する森繁久弥氏は満州からの引揚者ですが、私は氏の生き方から様々な生きるヒントを見つけることができました。

氏は25歳までのぐうたら人生と決別するために心に誓ったのは、次の3つであったと述懐しています。

① なんでもいいから文句を言わず人の2倍から3倍働く。

② 今からでも遅くない、できるだけ勉強して、無為に流れた青春の日々を取り戻す。

③ 過去の良きこと悪しきことをひっくるめて忘却の淵に捨て去ろう。

この誓いが転機となり、満州で努力した結果、その努力が報われ引き揚げてきても周囲から認められるようになっていったのです。

この事例のような事例を読んでいると、どんな名士も独自の苦労に直面し、それを乗越える努力を重ねた歴史があったことを知ることができます。

著者の吉田氏はサラリーマンとして成功を遂げられたことに甘んずることなく、定年後はコンサルタントとして活躍されていますが、そのコンサルティングのベースは、第3部・第三章の「名経営者に学ぶ仕事術10話」に示されています。そこには吉田氏が『私の履歴書』で学んだ仕事に役立つ知恵が提示されていますが、それはまさしく吉田氏の人生とからみあった生きるための処方箋でもあると申せましょう。

55

75歳から絵を描きはじめたグランマ・モーゼスに学ぶ

今から34年前の１９８５（昭和60）年に著した拙著『人生、勝負は後半にあり！』（ＰＨＰ研究所）の最後の一文は次の通りです。

「潜在能力とは年齢不問の能力である。いつからでもコツコツとはじめさえすれば、その時点から潜在能力は芽生えはじめ、身体に蓄積されて必ずある日突然出てくるというもの。そしてこの潜在能力は時間をかければかけるほど本物になるということである。だから長く生きるという最大の意味は、自分の身体に残っている潜在能力を磨き続ける期間を長く持てることと解釈してよいのである。

その点で私たちは、75歳過ぎから絵を描きはじめ、そして１０１歳で死ぬまで１６００枚の絵を残したグランマ・モーゼスの一生に学びたい。

いまアメリカのニューヨーク・メトロポリタン美術館をはじめ、パ

リの国立近代美術館・モスクワのプーチキン美術館・東京の東郷青児記念損保ジャパン日本興亜美術館など数多くの美術館に、グランマ・モーゼスの絵が収蔵されている。

彼女は70歳半ばまではニューヨーク州郊外の農場の一農婦として、趣味を持つゆとりもなく働き通してきた。やっと余裕のできた80歳前後から本格的に絵を描きはじめ、101歳までの間に素晴らしい農村風景画を描いたのである。そして1949年にはトルーマン大統領から、ワシントンで功労賞を手渡される名誉を得たのである。

一般には、80歳近くなってからはじめて絵筆をとるなどとは考えられもしない。しかも一流の美術館に保管されるほどの作品を残せるまでになるとは、とうてい信じ難いことである。このグランマ・モーゼスは自分の身体に潜在していた能力を見事に出しきって、101歳で完全燃焼していった人なのである。

このように、80歳前後から自分の人生にチャレンジする人に巡り会ったとき、私たちも私たちなりに最後の最後まで自分の可能性、自分の潜在能力に賭けて生き続けたいと思うのである」

この34年前に書いた拙文を83歳になった私が読み直してみると、改めてグランマ・モーゼスの生き方に打たれるものがあります。なぜかと言えば、大方の人間は80歳前後になると新しいことに挑戦する気力を失くしていくものです。それにもかかわらず、彼女の場合は新たな気力をかきたてて亡くなるまでに絵を描き続けたのですから、その努力には頭が下がると同時に、そうした努力を続けることの大切さを私たちも学ばなければなりません。

いま私は、文化勲章受章者の作家・野上弥生子の生涯を調べているところですが、100歳寸前で亡くなるまで現役を貫いた彼女は、ラジオの英会話放送を聴き続け、79歳からはドイツ語とフランス語もはじめており、81歳からはスペイン語もこれに加えたという勉強家でした。あくなき知的探究心があればこそ、終身現役の人生を持続できたのだと思います。

人生が長くなりつつある昨今、私たちはこうした人生の後半に大きな花を咲かせた先人の生き方を通して、最後の最後まで活き活き生きる気力と努力を持ち続ける人生のあり方を求めていくべきことを、決して忘れてはならないのです。

56

「年齢×0・8＝自己年齢」の新たな年齢観を

高齢の経営者が集う会合で講演する機会も多い私のテーマは「100歳まで働く時代」が増えています。拙著に『100まで働く時代がやってきた』や『臨終定年』があるからでしょう。そうした会合に出てみると、「今の現役高齢者は若いなぁ！」と実感させられます。

そこで提案したいのは、自分の年齢を8掛けで考える新しい年齢観です。例えば、80歳なら80×0・8＝64歳と、90歳なら90×0・8＝72歳というように考えるのです。

このように実年齢を8掛けで換算すると、目の前の高齢経営者の若々しさが素直に理解できるようになります。と同時に一般の高齢自身も「自分はまだまだ若いのだ、もう一勝負できるぞ」という希望と勇気が持てるようになれると言うものです。

実際にそのような年齢観を提言してみますと、現役の高齢者の人ほ

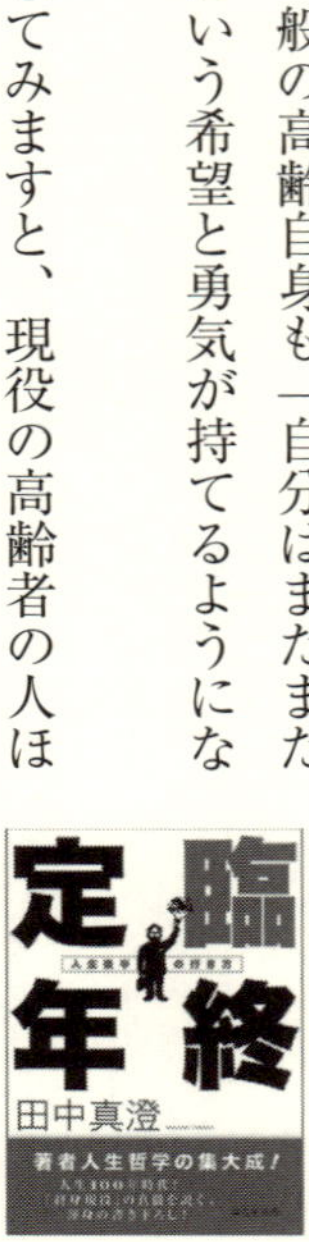

ど大喜びします。それには次のような歴史的、社会的な要因があるからです。日本人の平均寿命は、19世紀末（明治33年まで）は30歳代に留まっていました。その原因は伝染病の流行でした。コレラ・チフス・天然痘などが村を襲うと、村民全員が死に絶えたという事例は珍しくなかったと言います。

織田信長が桶狭間の戦いの出陣前に「人間五十年、下天のうちを比ぶれば、夢幻の如くなり」と謳い舞ったことが知られているように、この「人間五十年」とは、当時の長く生きたハイクラスの人々の寿命を指していたのです。

ところが20世紀に入ると、伝染病を駆逐するワクチンの発見、続いてペニシリンをはじめ抗生物質が発見され、それまで「死の病」とされていた病気が激減し、20世紀半ばの１９４７（昭和22）年に日本人の平均寿命は50歳を超え、それから72年後の２０１９年の男女平均は84歳にまで延びています。さらに30年後の２０５０年には１００歳になるであろうと予測されています。

このあまりにも急速な寿命の延びに、私たちの年齢観が追い付けないでいるのが現状です。その結果、還暦・古稀・米寿などの昔の長寿を祝う言葉に惑わされて、80歳すぎても働いている人に対して、世間は「まだ働くのですか、いい加減にしたら」といった言葉を浴びせかけるのです。

こうした言葉をいつも聞かされている高齢者は「実年齢の8掛けで考えよう」の提言に救われる気持ちになるわけです。

聖路加国際病院の教授であった保坂隆氏は、現在は聖路加国際病院の診療教育アドバイザーとして、神経科医の立場から高齢者への助言もされていますが、著書『「老後の不安」の9割は無駄』（KADOKAWA）でこう述べています。

「故・日野原重明先生は〈『向上心』は人生を磨く〉と、上をめざすことの大切さを語っていましたし、〈未知の世界に自ら飛び込んで、やったことのないことをやることによって、使ったことのない脳が働き出す〉と、チャレンジによって人間の脳が進化するプロセスと、未来に向けて一歩踏み出すことの意義を言葉にしています」

この故日野原氏の言葉を用いて、保坂氏は常に未知のことに挑戦することの大切さを訴えています。高齢者は幾つになってもこのチャレンジ精神を持ち続けることです。そのためにも実年齢の8掛けの年齢観は欠かせない老後を生きる知恵だと思います。

57 ㈱高齢社（全社員が高齢者）の繁栄が物語るもの

㈱高齢社は21世紀のスタート直後に設立された会社ですが、会社名がユニークなため、一度知ったら忘れられない会社です。

この会社の創業者の現最高顧問の上田研二氏は、勤務先の東京ガスを定年退職した時、定年族の多くはまだまだ気力・体力・知力に満ちており、しかも経験豊富な技能を持つ即戦力として頼りになる人材が大勢いることに気付きました。

そこで彼らに「働く場」と「生きがい」を提供する高齢者だけの会社を創り、会社名も「高齢社」としたのです。

創業当時は、東京ガスの定年退職者を呼び込み、同社に対して、繁忙期や土日祝日に、それまで身に付けてきたガス関連の技術や経験を提供するサービスを始めました。このサービスが会社側に高く評価され、業務依頼を継続的に受けることになりました。また高齢者側からも、無理なく働け、出社すると同年輩の仲間たちと相談しながら仕事ができることから、大歓迎されたのです。その結果、創業以来、業績は毎年上昇し続けています。
そこで、一般労働者派遣事業許可と有料職業紹介事業許可を取得し、高齢者の人材派遣業に本格的に乗り出しました。今では、一般の高齢者の入社希望者を受け入れ、派遣先の企業も増えており、業容は年々拡大しています（２０１８年の登録社員９８３名、就労者３９９名、就労率40・6％、平均年齢70歳）。

この高齢社の取り組みは、あらゆる業界で応用できます。要はそれを強力に推進する上田研二氏のようなリーダーの存在が必要なだけです。

とにかく高齢者を孤立させないことです。日本人は群れの民族ですから、高齢者に皆で仕事をする機会を提供できれば、日本人の民族性である「勤勉性」を活かして、働ける間は働きたいとするのが今の日本の高齢者たちの気持ちです。現に㈱高齢社でも70歳代の半ばまで働く人が大半なのです。

ところが最近は「高齢貧困」という言葉がマスコミで頻繁に登場してきています。それだけ高齢層の間で貧困者が増えているのです。高齢貧困者の内訳をみると、圧倒的に単身者が多いことが分かります。それは年老いて孤独になると、次第に心身共に生きる力が弱くなるからです。

この現象を防ぐには、高齢者の孤立・孤独化を防ぐ仕組みを創り、高齢者が同じ世代の仲間たちと一緒に楽しく働けるような機会を設ける必要があります。それはまさしく㈱高齢社のような存在があれば、貧困に陥りがちな単身の高齢者の生活改善につながるというものです。

㈱高齢社の現在の社長・緒形憲氏は同社のホームページの「社長あいさつ」で、こう語っています。

「ひとは『元気だから働く』のではなく『働くから元気になる』のだと思います。人は皆、元気な間はいつまでも社会に役に立ちたい、自身も成長することで高齢化社会においてもその役割を果たしていきたいと考えていますし、社会もこうした熟達した即戦力を求めるニーズがあります」

この社長の言葉にあるように、高齢者になるまでの長い過程で、社会に役立つ「熟達した即戦力」を身に付けておけば、何の不安もないはずです。今の日本はそうした高齢者を求めているのですから。

58

日本は高齢者が終身現役をめざす先進国になれる！

私は1979（昭和54）年に独立して以来、一貫して唱えてきた2つのテーマがあります。「人生100年」と「終身現役」です。

「人生100年」については2017（平成27）年9月8日、政府が「人生100年時代構想会議室」を発足してから、にわかに「人生100年」が流行語のように世の人々が口にするようになりました。40年前、私が「人生100年時代の到来を予測して今から準備しよう」と提言した時は、多くの人が「ほんとにそんな時代が来るのか？」と疑問視していたことが、今では考えられないほどです。この変化は大変いいことです。

首相官邸では総理大臣を議長とする「人生100年時代構想会議」の第1回会合が2017年9月11日に行われ、その後会合が重ねられて、翌年6月13日の第9回の会議で基本構想のとりまとめが行われました。この9回にわたる会議の議事記録は首相官邸のホームページで読むことができます。

最終回の会議では、議長代理の担当大臣から、構成メンバーの有識者の一人であるリンダ・グラットン氏（英国ロンドンビジネススクール教授）からの次のメッセージが紹介されまた

「会議の一員となれたことを光栄に思っています。こうした政府の試みは、世界初のものとして、長寿社会を再構築する動きを先導し、前向きに捉えたものとして実に注目に値します。１００年時代の社会の設計に携わった閣僚と有識者の皆さんに感謝の意を表すとともに、この試みが成功し続けるよう期待しております」

このメッセージに託されているように、リンダ・クラットン氏の『ＬＩＦＥ　ＳＨＩＦＴ～１００年時代の人生戦略～』（東洋経済新報社）の本がベストセラーになったことが、政府の「人生１００年時代構想会議」の創設につながったのだと思います。それだけにリンダ・クラットン氏自身は自分の著作が日本の国策を推進するきっかけになったことを名誉に感じていることでしょう。

とにかく「人生１００年時代」の構想が、長寿社会を迎えた私たちにとって欠かせない考え方であり、それを認識する意味で、今回の政

府の試みは実にタイミングのいいものであったと思います。

私が「人生100年」と「終身現役」を提言した時、最初に歓迎してくれたのは、中小企業の経営者の方々でした。サラリーマンの皆さんからは、当初は反対されたものです。ところが定年になって長い余生を何も働かないで過ごすことがいかに苦痛かが、定年族の皆さんの間から声が上がり、今や多くのサラリーマンも、できれば定年後もずっと働けるような人生を望むようになってきています。

私自身が83歳になって感じるのは、同年代の仲間たちで仕事をしているかそうでないかで、人生に対する姿勢が全く異なるということです。

高齢者になっても現役で活躍している自営業主が若々しく活動し、私の提言にもいち早く賛意を表してくださった背景には、中小企業の経営者の方々の多くが、「終身現役」の人生をすでに送っていたことにあったのです。

「死ぬまで働く」という生き方は、人生が長くなればなるほど人々にとって欠かせない生き方になります。ですから、そういう生き方ができるように若い時から自分作りを心掛けていく必要があるのです。

59

「60歳以上の方を求む」の加藤製作所の仕組みに学ぶ

岐阜県中津川市に1888（明治21）年創業の社歴131年の老舗企業であるプレス板金部品の総合加工メーカー、加藤製作所があります。この会社は従業員100余名ですが、これまでにテレビ取材27回、新聞雑誌の取材を100回以上も受け、工場見学の来訪者は128団体1000名以上（2019年1月末現在）にも及び、近年は海外からの視察団も増えているという、地方の中小企業としては珍しいほど知られた存在です。

しかも2002（平成14）年には厚生労働省の全国高年齢者雇用開発コンテストで最優秀賞を受賞している優秀企業の一つなのです。

この会社の存在が知られるきっかけとなったのは、2001（平成13）年4月、「意欲のある人求めます。男女問わず。ただし年齢制限あり。60歳以上の方」というユニークな見出しで、土曜・日曜に働いてもらう高齢者を募る広告を出したのが始まりでした。

加藤製作所の存在をとり上げた2018年版『中小企業白書』では、その後の経緯を次のように紹介しています。

「シニア人材に限定して求人広告を打ったところ、大きな反響があり、想定を上回る100名からの応募を得て、うち15名を採用した。生き生きと働くシニア人材の活躍で、既存の従業員を増やすことなく、工場の365日稼働を実現した。

その後もシニア人材を継続的に採用し、今では従業員107名のうち、短時間勤務のシニア人材が54名と半数を占めるまでになった。取組から15年以上経って、シニア人材の活動の場も広がっている。当初は土日祭日限定の勤務であったが、現役世代の従業員から望まれて、平日も勤務するシニア人材も増えた。担当する業務も単純作業ばかりでなく、従来は若手や中堅の従業員が担当していた仕事でも、シニア人材に任せられるものはできるだけ任せていくという方針である。その分、若手には、将来のビジネスを考える仕事や開発業務、ラインリーダー等の管理業務を担当してもらっている」

この状態を形容して同社は「日本一の高齢者雇用企業!!若手と高齢者のベストミックスカンパニー」という表現を用いています。

2017（平成29）年、私が岐阜県大正村で開催された第25回の日本掃除の会の講演会に招かれた時、参加者の一人であった加藤製作所社長の加藤景司氏からメールが届きました。私は「加藤様もご提唱の通り、今後の日本は高齢者の皆さんが福祉制度にあぐらをかくことなく、定年後も就業を続けていき、できれば死ぬまで働く人生を送るのが最高の人生であるべきだと考えている私は、加藤様のご発想に大賛成です」との趣旨を返信で送りました。

その私の便りに対して加藤社長からすぐに返事があり、そこにはこう書かれていました。「私の両親（父は会長で89歳、母は経理で85歳になります）は今も現役で毎日、出社してくれています。まさに生涯現役を実践していますので、本当にありがたいことです。私も働くことは生きることそのものと思っています。若手と高齢者のベストミックスカンパニーを創るのが夢です」

加藤製作所のこの取り組みは、世の経営者の全てが目指してほしい経営努力目標だと思います。

60

本気で終身現役の人生を目指そう

安倍内閣の新たな政策作成の内訳を知るには、内閣のホームページを見るのが近道です。そこに出てくる様々な資料の中でも、2018（平成30年）10月22日に首相官邸で行われた未来投資会議（安部総理が議長）に提出された「高齢者就労と中途採用の現状と課題」に関する資料（内閣官房日本経済再生総合事務局作成）は、現在の日本の高齢者がおかれた就労環境がよく示されています。

その主な内容は次のようなものです。

① 日本の人口は1990年をピークに以後は年々減少を続けており、それに比例して生産年齢人口（15～64歳）も減少を加速し、2050年には人口は約1億人になり、生産年齢人口は50％強にまで落ち込む。

② 高齢者の体力・運動能力はこの10年で約5歳若返っており、今の70代前半の高齢者の能力は14年前の60代後半と同じ。

③　現在就業している60歳以上の人に問うたところ、70歳以降まで働くことを希望している高齢者は８割にのぼる。

④　高年齢者雇用安定法の改正を受けて、60歳～64歳男性の就業率は、２００６年の「雇用確保措置の義務化」の規定で67％から73％へ、２０１３年の「希望者全員の継続雇用義務化」の規定で72％から79％に上昇。

⑤　男子高齢者（60～64歳）の希望する就労形態

○　パートタイム38・１％、

○　フルタイムの社員・職員30・９％、

○　自営業・個人事業主・フリーランス（家族従業者を含む）19・８％、

○　農林漁業（家族従業者を含む）６・５％。

⑥　65歳以上就業率が高い都道府県は１人当たりの医療・介護費は低い傾向にある。また仕事をしている高齢者ほど日常活動が低下せずに自立した生活を継続して営むことができている。

⑦　就労している高齢者ほど、所得・消費が多く、経済活性化にも寄与。

以上の政府が調査した高齢者の就業に関する状況から見えてくるのは、従来のわが国の就業条件を大幅に改革し、高齢者も生産年齢人口の人たちと区別せず、むしろ定年制度を廃止し、高齢者の定義を80歳以上とし、70代の人には働く場所を広く提供し、本人の働く意思と能力があるならば、80歳を超えてどこまでも働けるようにする労働政策を確立するべきだということです。加えて男子高齢者の約2割の人たちは自営業主になることを希望しているとなれば、この希望を支えるための事前教育を施す施策を展開していくことを真剣に検討し、それを全国的に展開してほしいものです。

事業主として生きていくには、そのための知識や技術が必要なことは誰もが認識し、その備えをしているものですが、事業はそれだけでは維持していくことは難しいものです。事業継続の基盤となる顧客の創造をどのようにしていけばいいのかという対策を欠かさないことが実は最も重要なことなのです。

残念ながら、日本の学校でも企業内教育でも、そのことを具体的に教えてはいません。そのために独立しても、顧客不足で事業を長続きできないで終わってしまう事業主が後を絶ちません。逆に、そのことを十分にわきまえておけば、かなりの確率で生き残ることは可能なはずです。

そのことは、私の40年の経験ではっきりと明言できます。その証拠に私の講演に接し、顧客創造の重要性に目覚め、その対策を実践した人は、独立しても順調に事業展開している事実が数多くあるからです。

61

ＩＴ時代の倫理を確立するために高齢者の知恵を

スマホを始めＩＴ機器が国民の大半が活用できる社会になり、私たちは職場でも家庭でもその恩恵を享受できるようになり、生活上、どれだけ便利になったか計り知れないものがあります。ところが一方で、バイトテロのような情けないいたずらで企業が思わぬ損害を受ける事例が頻発したり、スマホバカとかスマホゾンビと言われる四六時中スマホを見ずにはおれないスマホ依存症とも言うべき人が増えるといったＩＴ社会のマイナス面の事象が急増しています。

総務省の情報通信白書（平成30年度版）によれば、２０１７（平成29）年にスマホはパソコンを抜いて普及率75％となり、４人に３人が持つ時代になっています。その結果、スマホを俯き加減に見ながら歩くいわゆるスマホゾンビの急増で交通事故や歩行者の間でトラブルが多発しており、世界的に大きな社会問題となってきています。

そうしたスマホの普及で生じてきた事象にどう対応するか、その対策が喫緊の課題になりつつあります。つまりＩＴ社会の出現による新たな生活規範が求められるようになってきたのです。

ハワイのホノルル市では２０１７年に、道路横断中のスマホ歩きを禁止する条例が施行されました。罰金は35ドル（約４０００円）から99ドル（1万２０００円）であり、違反回数によって異なります。この制度はあらゆる人々が対象ですから、観光でホノルルに来た人にも適用されます。

この条例の施行は今後、各都市に広がっていくとみられています。日本でも、そのうち条例の制定が問われるようになるでしょう。

こうしてスマホの出現で人々の生き方が変わりつつあります。その効用のプラス面は大いに伸ばしていけばいいのですが、マイナス面をどう防ぐか、今から真剣に考えていく必要があります。

スマホの出現によって今後大きな弊害となるのは、親子の間・友人の間・普段の対人関係の間で、言葉を交わす機会が減り、コミュニケーション能力が低下していくことです。

それが高じると物を購入しても「ありがとう」の一つも言えない人が増えていきます。もうすでに無言で事を済ます慣習ができつつあります。

こうしたＩＴ時代の道徳の喪失について、学者の間では議論されてきているようですが、家庭や学校ではその対応が遅れています。

道徳を養う基本の場はあくまで家庭です。家庭でいつも話し合いの場が持たれていれば、スマホ歩きの危険も、対人関係で感謝の言葉を発する重要性も家族間で常に確認しあえます。その際に、高齢者が率先して発言し、ＩＴ機器の出現で無言のままで生きることの怖さを教えていくことが、今こそ求められているのです。

大都会の若い夫婦の家庭には高齢者がいないのが普通ですが、その場合は、近所の高齢者が挨拶代わりに子どもたちのスマホ依存の弊害を会話の中で伝えながら、若い夫婦に注意を促すなどの小さな親切を施していくことが考えられます。

ＩＴ機器の普及で、人々の間で言葉を交わす機会が減っていけば、冷たい社会の出現に拍車がかかり、地元の交流を支えるコミュニティの機能が減殺されてしまいます。そういう人間味のない社会を作らないためにも、高齢者の社会貢献として、スマホ依存からの脱皮を提案していきたいものです。

田中真澄・著者紹介

経　歴

1936年　福岡県に生まれる。
1959年　東京教育大学（現・筑波大学）を卒業し、日本経済新聞社に入社。企画調査部、販売局、社長室、出版局の各職場で14職務を担当。
1969年　日経とアメリカマグロウヒル社との合弁出版社・日経マグロウヒル社（現・日経BP社）に出向。同社調査開発長ならびに日経マグロウヒル販売（現・日経BPマーケティング）取締役営業部長として活躍。
1979年　日本経済新聞社における20年間の勤務に終止符を打ち、独立。有限会社ヒューマンスキル研究所設立。新しい形の社会教育家を目指し、日本初のモチベーショナルスピーカーとして活動を開始。『週刊東洋経済』誌8月17日号の若手講師ランキングにおいて、ナンバーワンに選ばれる。
2005年　ベンチャービジネス団体の「1万円出しても聴きたい講師」上位10名の中に選ばれる。

講　演

スピーディーな語り口、豊富な板書、パワフルなパフォーマンスの3つの技を用いて、体系的にわかりやすく真剣に訴える熱誠講演は、多くの人々に生きる勇気と希望と感動を与え続けている。

講演は、あらゆる職種・業種・年代の人々を対象に行われている。

メールアドレス　masumit@rapid.ocn.ne.jp

田中真澄・著書一覧

２００６年以降の主な著書は次のとおり（累計95冊執筆）

『人生を好転させる　情熱の人生哲学』（ぱるす出版）
『田中真澄のいきいき人生戦略』（モラロジー研究所）
『信念の偉大な力』（ぱるす出版）
『超高齢社会が突きつける　これからの時代の生き方』（ぱるす出版）
『田中真澄の実践的人間力講座』（ぱるす出版）
『やる気再生工場塾』（ぱるす出版）
『田中真澄の88話』（ぱるす出版）
『人生は今日が始まり』ポケットサイズ（ぱるす出版）
『人生の勝負は後半にあり』（ぱるす出版）
『百年以上続いている会社はどこが違うのか？』（致知出版社）
『100歳まで働く時代がやってきた』（ぱるす出版）
『小に徹して勝つ』（ぱるす出版）
『商人道に学ぶ時代がやってきた』（ぱるす出版）
『臨終定年』（ぱるす出版）
ＣＤ４枚組『積極的に生きる』（ぱるす出版）
田中真澄のパワー日めくり『人生は今日が始まり』（ぱるす出版）

田中真澄のパワフル・ブック
好評　販売中 !!

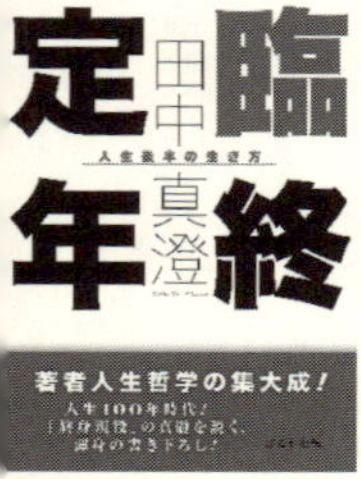

臨終定年　人生後半の生き方

¥1,300（税別）　四六判・176 頁

人生 100 年時代に生きる羅針盤。著者人生哲学の書き下ろし集大成！

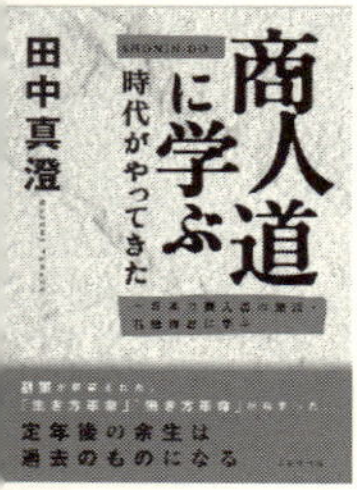

商人道に学ぶ時代がやってきた
日本の商人道の源流～石田梅岩に学ぶ

¥1,300（税別）　四六判・220 頁

働き方革命、人生 100 年時代、雇われず、雇わずの働く時代がやってきた。

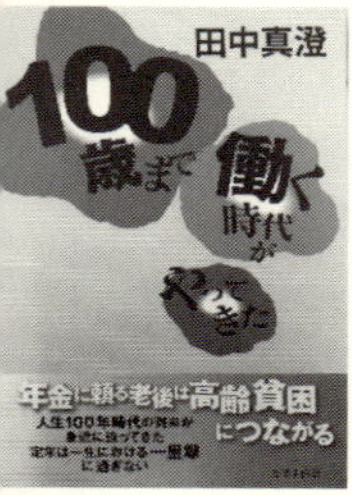

100 歳まで働く時代がやってきた

¥1,300（税別）　四六判・232 頁

定年は一生の一里塚。年齢に関係なく専門力を発揮できる人が生き残れる。

小に徹して勝つ　凡人の成功哲学

¥1,300（税別）　四六判・212 頁

定年のない仕事における収入は最高の年金。小に徹すれば後半で勝負ができる。

田中真澄の 88 話

¥1,300（税別）　新書・192 頁

自分の生き方を問い直す 88 の伝言！

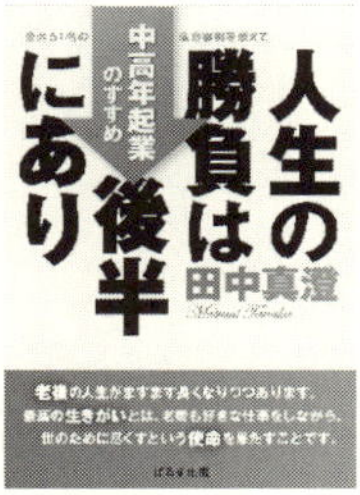

人生の勝負は後半にあり

¥1,300（税別）　四六判・224 頁

中高年起業のすすめ。実際に起業家として成功した 51 名を紹介！

田中真澄のパワー日めくり
「人生は今日が始まり」

¥400（税別）　B6 ポケットサイズ　64 頁

ひとつの言葉に勇気が生まれ、生きる力が湧く。人生の箴言満載！

CD4 枚組 田中真澄の人生講座「積極的に生きる」

¥6,190

田中真澄の人生哲学。迫力の講演録

朝礼・会議で使える 田中真澄の61話

令和元年７月15日　初版第１刷

著　者　　田　中　真　澄
発行者　　梶　原　純　司
発行所　　ぱるす出版 株式会社
東京都文京区本郷2-25-14　第１ライトビル508　〒113-0033
電話（03）5577-6201（代表）　FAX（03）5577-6202
http://www.pulse-p.co.jp
E-mail　info@pulse-p.co.jp
本文デザイン　オフィスキュー／カバーデザイン　㈱WADE

印刷・製本　株式会社平河工業社

ISBN 978-4-8276-0248-7　C0011